Tirar la Casa por la Ventana

Kyle W. Bauer

Kyle W. Bauer

Tirar La Casa Por La Ventana
Copyright © 2019 Kyle W. Bauer
Todos derechos reservados.

ISBN 978-0-578-61006-1

Excepto que se indique de otra manera, todas las Escrituras han sido tomadas de la Biblia Reina Valera – 1995

Tirar La Casa Por La Ventana

Para Pathway:

Una iglesia que Dios está alistando para el Nuevo Movimiento de su Espíritu

	Introducción	vi
1	La Profecía	10
2	Una Época de Formación	16
3	Profecías Para la Iglesia	22
4	Las Manos del Alfarero	29
5	La Espera	34
6	La Espera y La Expectativa	37
7	Tirando la Casa por la Ventana con la Oración	45
8	Lo Que Pasa Cuando Tiras la Casa por la Ventana con la Oración	56
9	Tirando la Casa por la Ventana A Través de la Historia del Mundo	63
10	Las Obras del Señor	82
11	Las Jarras de Aceite	89
12	La Preparación Personal	94
13	Servir y Adorar	105

Introducción

Cuando se usa la frase "tirar la casa por la ventana," todos saben lo que significa. Cuando uno tira la casa por la ventana, simplemente quiere decir que uno va a ser lo máximo y hacer el mayor esfuerzo y que no hay gasto demasiado grande para que el evento sea lo mejor y lo más extravagante; ¡vamos a tomar lo más grande, lo más caro y lo más valioso y tirarlo por la ventana para que este momento sea el mejor!

Figurativamente, hay una ventana entre el Cielo y la Tierra y Dios actualmente tiró su Casa por ella para que nosotros tuviéramos lo mejor. Romanos 8:32 nos da un destello de esta extravagancia: "El que no escatimó ni a su propio Hijo, sino que lo entregó por todos nosotros, ¿cómo no nos dará también con él todas las cosas?" Dios estuvo, y aun está, impuesto a literalmente darnos su Casa para que viviéramos en ella con todo y Cielo. No hay nada que Dios no dio por el bien de nosotros.

Dios tiene una Casa. Su Casa era antes el Tabernáculo y luego el Templo del Antiguo Testamento. De hecho, ambos Moisés (el que construyó el Tabernáculo) como David (el que planificó el Templo) dijeron que Dios les había dado instrucciones específicas para su Casa (Éxodo 25:9; 1 Crónicas 28:19). El Tabernáculo y el Templo eran, fisicamente, Dios "tirando su Casa por la ventana" para nosotros poder conocerle y que Él estuviera con nosotros.

La Biblia dice que cuando terminaron el Tabernáculo, Dios se manifestó en el con una nube de su gloria. La gloria era tan intensa que nadie podía entrar. Después, en la presentación del Templo, la adoración llegó a ser tan intensa que la misma nube de gloria era tan pesada que nadie podía seguir adorando. Dios tiró la casa por la ventana para estar con su gente, y la gente en seguida tiró la casa por la ventana en su adoración e intercesión. Esta extravagancia mutua creó una convergencia de casas; se unieron la del Cielo con la de la Tierra.

Jesús nos enseñó a orar, "Padre nuestro que estás en los Cielos...venga tu Reino; hágase tu voluntad aquí en la Tierra como en el Cielo." El Cielo tiene que covergerse con la Tierra, pero esto sucede mediante cierto tipo de oración y cierta manera de ser. ¡Tenemos que "tirar la casa por la ventana" *en nuestra oración!* Cuando esto suceda, habrá la convergencia de casas—pero según 1 Coríntios 3:17 y 6:19, *nosotros somos la Casa de Dios.*

Sin embargo, suele suceder que la "casa" de nuestra mentalidad, corazón, entendimiento y expectativa es demasiada pequeña como para contener todo lo que Él desea hacer en y a través de nosotros.

Yo creo que Dios se está alistando para desatar, lo que yo llamaré: "El Nuevo Movimiento" de su Espíritu sobre el mundo. Creo que será un movimiento de los Últimos Tiempos como nunca se ha visto antes. La Casa de Dios viene a manifestarse, como con el Tabernáculo y el Templo, en maneras nuevas y poderosas.

Para que Dios tire su Casa por la ventana en un Nuevo Movimiento, nosotros tenemos que tirar la casa por la ventana con la oración.

—Kyle W. Bauer

Tirar La Casa Por La Ventana

I
La Profecía

Como pastor de la iglesia, le pido a Dios que me dé una palabra profética para el año siguiente. Hago esto porque creo que Dios siempre está en marcha moviéndonos hacia donde Él quiere que estemos espiritualmente para así poder avanzar su Reino eficazmente por medio de su Iglesia. No "flotamos" ni nos dejamos "llevar a la deriva" sobre el mar de la vida dejando que las corrientes nos lleven por dondequiera. Nosotros vivimos con intentionalidad porque Dios es intencional en todo lo que hace. Él sabe el final desde el principio y está activamente llevando a cabo sus buenos propósitos, y como hemos sido creados para ser partícipes juntamente con Él; Dios activamente nos solicita a ser parte de lo que Él está realizando en este mundo. Cuando tenemos oídos para escuchar y un corazón para obedecer, Dios nos guiará en los pasos necesarios que debemos de tomar para crecernos, avanzarnos en nuestras vidas y estar en común acuerdo con sus planes y propósitos.

Apocalipsis 19:10 dice que el espíritu de la profecía es el testimonio de Jesús. Jesucristo es el centro de toda profecía—si es testificar de Jesucristo, o lo que Jesucristo quiere decir a su Iglesia, todo gira alrededor de Él. No es de ninguna interpretación privada tampoco cualquier cosa que suceda aparte de Él. La profecía no es necesariamente predecir todo el futuro. La profecía no es necesariamente como comunmente se conoce que es predecir el futuro. La profecía es la revelación y el entendimiento de lo que Dios está haciendo. Es escuchar las palabras que Dios está diciendo para el momento o época en que quiere realizar algo específico; ver lo que Dios quiere hacer en una persona, situación o iglesia, y luego proclamarlo al pueblo de Dios para que podamos participar plenamente con lo que Dios está haciendo. La profecía es alinear nuestras acciones y palabras con las acciones y palabras de Dios.

La profecía es distinto a solo decir lo que hay en la Biblia, aunque la profecía _jamás_ va a contradecir lo que la Biblia dice. La profecía puede ser una cita bíblica o palabra de revelación del Espíritu Santo—y la diferencia no es que es una revelación nueva o aparte de la Biblia, sino instrucción, corrección o visión para un momento específico en el cual Dios quiere trabajar. Es una palabra específica revelada de Dios por medio de sus siervos para alinear y conformar a una persona o pueblo a su voluntad. En resumen, la profecía nos prepara y nos alista por lo por venir.

Las Acciones y Las Palabras
Existen tanto *acciones* como *palabras* proféticas en las que Dios revela a su pueblo los tiempos y estaciones de su trabajo.

Las acciones proféticas son demostradas. Simplemente, estas acciones son algo que hacemos en lo físico que representan una realidad espiritual y la sueltan en la circunstancia presente. Por ejemplo, la imposición de las manos en oración, ungir con aceite, el bautismo, y la Santa Cena todos son actos físicos que sueltan una dinámica espiritual desde el Cielo.

Actos proféticos que son guiados por el Espíritu Santo son señales poderosos que avanza al pueblo de Dios hacia sus propósitos. Si estas acciones no son guiadas por el Espíritu Santo, son actos ineficacez de la religiosidad. Veamos a dos ejemplos de esta realidad en Sedequías y Josué.

En 1 Reyes 22, leemos del Rey Acab que reina en el norte de Israel, y el Rey Josafata que reina en el

Sur de Israel. Ellos decidieron aliarse e ir a la guerra juntos. Antes de salir a la batalla, consultaron a los profetas para asegurar que Dios estuviera con ellos y así obtener la victoria. Dos profetas tuvieron dos mensajes opuestos. Uno de ellos fue el profeta Sedequías quien hizo cuernos de hierro y demostró un acto profético con ellos diciendo, "¡Así ha dicho Jehová: Con estos cornearás a los sirios hasta acabarlos!" Luego el profeta Micaías declaró una palabra verdadera de Dios que decía que iban a ser derrotados en batalla. La profecía de Micaías fue la verdadera y Acab murió en batalla. El profeta Sedequías hizo una acción profética que no fue guiada por Dios. Fue una acción que no produjo nada y que engañó a los reyes y los guió hacia la derrota.

En contraste leemos de Josué, el segundo líder de Israel. Cuando poseyeron la Tierra Prometida, su primera batalla fue contra la ciudad de Jericó. Dios les dio el plan más inusual para sitiar a la ciudad: Estén en silencio, caminen alrededor de las murallas muchas veces durante una semana y al final, griten. Cuando gritaron las murallas se derrumbaron. Ni caminar alrededor de la ciudad ni una gritadera son suficientes para derrumbar a murallas fortificadas—¡pero lo hicieron a la dirección del Espíritu Santo y la acción soltó poder para derrumbar murallas!

Palabras proféticas declaran lo que Dios está haciendo. Hay dos palabras griegas en el Nuevo Testamento que describen la "Palabra" de Dios. La primera es "logos" que se refiere a la Palabra escrita de Dios en la Biblia. La segunda es "rhema" que se refiere a la palabra de Dios hablada en un momento preciso para una situación. Logos es escrito; rhema es revelada. Rhema jamás contradirá la Palabra escrita de Dios. Es una palabra específica revelada por Dios a través de sus siervos para alinear y conformar a una persona o un pueblo a su voluntad. Muchas veces, la rhema saldrá directamente del logos. Es una "palabra" de profecía que Dios reveló de la Biblia para hablar directamente a una situación.

La profecía nos prepara para lo que Dios está por hacer. Por ejemplo, supongamos que mi esposa preparó una cena, y los niños estaban jugando en sus alcobas. Luego uno de los niños bajó a la cocina y mi esposa le dijo, "Ve y diles a tus hermanos que la cena está lista." Entonces mi niño va adonde sus hermanos como el portavoz de su mamá—reconociendo que la mamá es una de las autoridades superiores en la casa cuya palabra debe ser obedecida. Así que el niño anuncia a sus hermanos, "¡Mami dice que la cena está lista! ¡Vengan que vamos a comer!" En esencia, esto es la profecía. No es algo inventado, pero algo que Dios, quien es la autoridad suprema, está actualmente haciendo y diciendo. Dios da a conocer al profeta lo que Él está por hacer para que el profeta vaya y diga al pueblo. Así el pueblo estará listo y podrá participar con lo que Dios está por hacer.

El propósito de este corto libro es profético. Les estoy anunciando lo que Dios quiere hacer. Así que les ruego que tengan oídos para escuchar y corazones para obedecer lo que Dios está diciendo a nuestra iglesia en preparación por lo por venir.

2
UNA ÉPOCA DE FORMACIÓN

Las épocas de la espera y la expectative son épocas de formación. Dios nos está renovando de día en día, siempre nos está conformando a la imagen de su Hijo: Estamos llegando a ser más como Él y así podremos plenamente participar con lo nuevo que Dios quiere desatar sobre nuestro mundo. Jesús comenta sobre la renovación y la formación en Marcos 2:18-22:

"Los discípulos de Juan y los de los fariseos estaban ayunando. Entonces fueron y le preguntaron:
—¿Por qué los discípulos de Juan y los de los fariseos ayunan, y tus discípulos no ayunan?
Jesús les dijo:
—¿Acaso pueden ayunar los que están de bodas mientras está con ellos el esposo? Entre tanto que tienen consigo al esposo, no pueden ayunar. Pero

vendrán días cuando el esposo les será quitado, y entonces, en aquellos días, ayunarán.
»Nadie pone remiendo de paño nuevo en vestido viejo; de otra manera, el mismo remiendo nuevo tira de lo viejo y se hace peor la rotura. Y nadie echa vino nuevo en odres viejos; de otra manera, el vino nuevo rompe los odres, el vino se derrama y los odres se pierden; pero el vino nuevo en odres nuevos se ha de echar."

Se ha hecho millones de veces a través de los siglos del Cristianismo la misma pregunta que le hicieron a Jesús. Y esta pregunta se manifiesta en una variedad de formas:

- ¿Por qué no haces las mismas cosas religiosas que nosotros hacemos?

- ¿Por qué no sigues a las normas tradicionales?

- ¿Por qué no haces la religion de la misma manera que siempre se ha hecho?

- ¿Por qué no miras a Dios igual como yo lo miro con mi teología perfecta?

Hay una actitud que suele acompañar a esas preguntas: Es la actitud de "es diferente, así que no puede ser de Dios." Sea que cambiaron la forma de hacer los cultos, re-estructuraron el equipo de los ujieres, decoraron a la iglesia diferente, o el pastor tiene una nueva visión. Quizá lo que Dios está haciendo sea más grande de las cajitas teológicas y ecclesiásticas que hemos diseñado para Él. ¿Podremos hacer campo en el corazón y la mente para que Dios sea más grande que nuestro entendimiento finito? Ésta es una de las cosas que más me agrada de Dios; ¡Él es tan grande que siempre hay más de Él que aprender y entender! Pero parece que cuando Él desea crecer a su Iglesia, sus mismas obras no siempre son bienvenidas entre su propio pueblo. A veces lo nuevo es denunciado como una herejía o fanaticismo o algo raro y anti-bíblico. Déjame ser claro: Cuando no hay ninguna base bíblica para tales cosas, hay que evitarlas. Pero si existe antecedente legítimo de la Biblia al fondo de lo nuevo que Dios está haciendo, entonces uno tiene que tomar una decisión: ¿Daré la bienvenida a las obras de Jesús que me sacarán de mi comodidad?

Jesús respondió a esa pregunta de una manera media críptica; dio tres cortas parabolas de un novio, una tela y un odre.

Seguro que Jesús dejó a los discípulos de Juan el Bautista rascándose la cabeza haciéndose la pregunta, "¿Qué tiene que ver estas cosas con el ayuno?" Jesús no contestó directamente a la pregunta sobre el ayuno, porque en su esencia, la pregunta no tenía que ver con el ayuno sino con las obras de Jesús y las de sus seguidores.

The pregunta era: ¿Por qué no hacen lo que hacemos?

La respuesta de Jesús fue: ¿Por qué no pueden ver lo que estoy haciendo ahora?

Jesús dijo que los que son discípulos del Reino del Cielo son como el dueño de una casa que saca tesoros "nuevos y viejos" (Mateo 13:52). Los tesoros antiguos son hermosos, pero también hay nuevos tesoros que están disponibles para nosotros. Ninguna de estas cortas parabolas tienen que ver con "lo nuevo es mejor," sino que lo nuevo es más GRANDE.

Cuando yo era soltero, era responsable solo para mí mismo. Yo podía ir dondequiera cuando yo quería. Pero cuando me casé, esa manera de vida ya no era compatible con la responsabilidad de una esposa y un hogar—¡y mucho menos cuando nacieron nuestros hijos! Mi vida engrandeció; mi manera de pensar y vivir y ser tenían que crecer con lo nuevo de mi vida. Como dice 1 Coríntios 13:11, "Cuando yo era niño, hablaba como niño, pensaba como niño, juzgaba como niño; pero cuando ya fui hombre, dejé lo que era de niño."

No se coce una tela (o paño) nueva en un vestido viejo—no son compatibles. Hay un proceso de hacer de la tela compatible con la otra para que no se rompa. Lo que Dios hizo ayer fue maravilloso, pero es sólo parte de la historia, no la culminación de ella. Él está agregando nuevos capítulos y engrandeciendo a su historia. Como Dios está avanzando su obra construyendo el fultro de su Reino sobre lo que hizo en el pasado. Tenemos que tener cuidado de no "romper" la obra continua de Dios por vivir en el pasado y no recibir lo nuevo.

El odre de vino era una bolsa de cuero nuevo y flexible en que se echaba el vino no fermentado para que llevara el proceso de la fermentación. Durante este proceso, los gases inflaban y endurecían el odre. Así que si uno fuera a echar vino nuevo en un odre viejo, durante otro proceso de la fermentación, el odre se rompería y ambos el odre como el vino se echarían a perder.

Jesús dice algo maravilloso aquí que facilmente uno puede perder, insinua que uno debe preseverar a los dos—el odre tanto como el vino. Hay una continuación de la obra de Dios hoy día que se edifica sobre las obras del ayer. Hay que preservar y atesorar lo que ya aprendimos, pero ser flexibles como para recibir lo nuevo.

Para que el odre reciba el vino nuevo (que es una metáfora bíblica para la bendición, la abundancia, la vida y el gozo), debe ser renovado. El proceso de renovación era de tallar y frotar el aceite en el cuero rígido hasta que nuevamente fuera flexible. El aceite es una metáfora bíblica para la obra del Espíritu Santo. Cada persona—cada iglesia—cada discípulo de Jesús necesita la renovación contante y fresca del Espíritu Santo para mantenernos flexibles y en paso con lo que Jesús está haciendo.

Las prácticas religiosas del ayer, aunque eran lo nuevo que Dios estaba haciendo en aquel entonces, no bastan para hoy. Como con Jesús y sus discípulos, la cuestión no es si *ellos* hacen las cosas como *nosotros* las hacemos, es si podemos ver, recibir y participar con lo que Jesús está haciendo ahora mismo.

3
Profecías Para La Iglesia

Sobre los últimos años, el Señor me ha dado algunas palabras y visiones proféticas que he guardado solo en oración o mayormente solo he compartido con la congregación que pastoreo. Me siento obligado e impulsado compartir estas profecías con la audiencia que Dios me dé. Estas palabras son para estimular el tirar la casa por la ventana con la oración en preparación de lo que Dios está preparando desatar.

El Nuevo Movimiento

En el 2019, mientras yo esperaba en el Señor buscándolo en oración, Él me mostró una visión de una reunión en el Cielo donde había varias personas sentadas alrededor de una mesa magnífica. Escuché al lider de la junta decir, "¡Dios se está preparando para desatar un Nuevo Movimiento!"

Escuché algunas otras cosas que no debo decir aquí, pero hay dos otras cosas que sí debemos escuchar: La primera es que Dios está preparando a iglesias específicamente para ayudar a desatar este Nuevo Movimiento. La segunda es que hay intercesión en el Cielo para la Iglesia.

El escenario me conmovió. Yo sabía que yo quería que mi iglesia estuviera lista para este Nuevo Movimiento de Dios—¡y quiero que tu iglesia esté lista, también! Si Dios está preparándose para algo espectacular en el mundo, debemos de alinearnos todos con Él para poder participar a lo máximo.

El Pararayos

Dios está haciendo algo nuevo aquí en nuestra iglesia Pathway, pero lo que está haciendo no creo que sea exclusivamente para nosotros: creo que es disponible para cualquier persona o iglesia que se preste. Al principio de nuestro pastorado en Pathway, Dios me dio una visión profética que seguirá guiando a nuestra iglesia por muchos años. En la visión yo vi una tormenta inmensa con nubes espesas y oscuras y de ellas salían relámpagos y tronaban fuerte. Luego yo vi a nuestro pequeño edificio que es en forma de "A" y del techo salió un pararayos. Los relámpagos pegaban repetidamente y rápidamente al pararayos, el cuál dirigía la electricidad y la descargó sobre la Tierra.

Poco tiempo antes de esta visión, yo contemplaba que si el nombre "Pathway" (que lo llamamos igual en el inglés como en el español) fuera el nombre indicado para lo que Dios quiere hacer aquí. Después de esta visión, yo busqué la definición de un pararayo y dice que es un aparato que guía a la electricidad en el cielo hacia la tierra por medio de una "via (¡en inglés "pathway"!) conductivo." Más claro no podría ser: ¡Dios quiere que nuestra iglesia sea un "Pathway" que atrapa lo que está sucediendo en el Cielo que lo descarga sobre este mundo en preparación para lo que Dios está por hacer en el mundo!

Un Cortacircuitos Grande

Poco tiempo después, había que arreglar algunos asuntos en nuestro sistema eléctrico en la iglesia. Al inspeccionar el sistema, el electricista me comentó que los alambres tenían una alta capacidad para cargar con mucha electricidad, pero los cortacircuitos había que mejorar de 60 amperios a 80 amperios para permitir el flujo de más energía sin que se apagaran.

¡Qué metáfora para la Iglesia! Nosotros, como los hijos de Dios, somos capaces de comprender y fluir en el poder sobrenatural de Dios, pero nuestros cortacircuitos son muy pequeños. Para que Dios suelte *todo* lo que Él desea hacer en y a través de nosotros, tiene que poner un cortacircuitos mucho más grande. Nos necesita engrandecer. Tiene que expandir nuestra capacidad.

Por demasiado tiempo, demasiadas personas en la Iglesia comienzan a ver a Dios hacer algo más allá de su propia experiencia y entendimiento, y como su cortacircuitos es pequeño, se apagan e intentan apagar a otros. Cuando se apaga el cortacircuitos pequeño, se apaga el flujo del poder. ¡Qué tragedia que cuando Dios desea hacer mucho más en nuestras vidas e Iglesias, la pequeñéz del entendimiento, o la indisposición de soltar el pecado en la vida, corta el circuito y el flujo de su poder! Dios desea manifestarse más y más a través de su pueblo; nos quiere llevar de gloria en gloria. Pero esto requiere una mejoría en nuestra relación con Él y en nuestra capacidad de conocerlo a Él. Creo que Dios quiere instalar un cortacircuitos con mucho más capacidad en su Iglesia. Quizá la meta final sea ya no tener ningún cortacircuitos para jamás limitar el flujo del poder de Dios en y a través de su Iglesia.

Un Vaso Más Grande
En el año 2016, Dios me dio una palabra profética para nuestra iglesia. Desde el 2016, mucho ha cambiado en mi vida y ministerio, pero conforme

ha pasado el tiempo, he llegado a reconocer que esta palabra profética es mucho más que solo para aquella vez en la iglesia donde servíamos, pero es algo que Dios quiere decir a toda su Iglesia; la palabra profética sigue vigente y activa.

Fue durante una reunión del miércoles, mientras adorábamos, Dios me dio una visión. La visión fue de una vasija de barro.

En la vasija Dios derramaba un líquido hermoso y dorado de su gloria y unción. La vasija era muy pequeña y como era pequeña no podía contener mucho. Se llenó muy pronto y el aceite precioso comenzó a desbordarse y corrió y se derramó por todos lados. Dios soltó de su unción, pero la vasija no tenía la capacidad de contener lo mucho que Dios dio. Mientras la vasija desbordaba y desperdiciaba el aceite, vi que el Señor tomaba la vasija para ponerla en su rueda de alfarero metió sus manos dentro de la vasija. Dios, el gran Alfarero, comenzó a extender, ensachar y engrandecer a la vasija. Al terminar su obra, la vasija era mucho más grande y Dios volvió a verter su preciosa unción. Pero esta vez, la vasija sí pudo contener lo mucho que Dios dio y no se desperdició nada. *Dios quiere engrandecernos en un vaso de más capacidad para poder contener lo que Él quiere derramar sobre el mundo.*

Yo creo que Dios se está preparando para derramar un "Nuevo Movimiento" sobre el mundo, pero la Iglesia aún no está lista recibir y manejar la grandeza y magnitud de lo que Dios quiere soltar. Dios desea derramar de su gloria sobre su Iglesia para tocar al mundo. Dios está formando y preparando un ejército espiritual para avanzar su Reino. Dios quiere engrandecer a su pueblo para contener más de Él. Ésta es la promesa de grandecimiento y de mayor alcance hacia nuestras comunidades y mundo. Isaías 64:8 declara, "Ahora bien, Jehová, Tú eres nuestro Padre; nosotros somos el barro y Tú el Alfarero. Así que obra de tus manos somos todos nosotros."

Considera lo que dice 2 Timoteo 2:21 dice referente a nuestras vidas en las manos del Alfarero: "sí que, si alguno se limpia de estas cosas, será instrumento para honra, santificado, útil al Señor y dispuesto para toda buena obra."

La palabra griega empleada aquí para "instrumento" es la de algo usado para una obra específica; metafóricamente puede ser un cuerpo. Es la misma palabra usada en 2 Corintios 4:7 que dice que Dios ha puesto tesoros en vasijas de barro—¡nosotros! El tesoro de su Reino y su gloria han sido depositados en nuestras vidas. Nuestras propias vidas y espíritus forman parte de este gran tesoro en estas "vasijas de barro." Si nos mantendremos limpios y puros, si odiaremos lo malo y amar lo recto, entonces Dios derramará de su preciosa y gozosa unción en nosotros *más que a cualquier otra persona* (Salmo 45:7). Dios nos usará para algo honorable y hermoso más allá de nuestra comprensión. Nos está preparando para ser útil para sus propósitos.

4
LAS MANOS DEL ALFARERO

Dios está listo para derramar de su gloria, su poder y su unción a su pueblo y así tocar el mundo; pero así como somos ahora, no somo capaces de recibirlo todo. Antes de que Dios pueda derramar todo lo que Él desea darnos, Él tiene que engrandecer nuestras vidas para que en el momento que Él lo derrame, nuestras vidas sean tan grandes como para recibirlo; que ese momento hallará una Iglesia preparada para marchar adelante con el Nuevo Movimiento.

Dios nos tiene en un momento de engrandecimiento. Espera que su mano se mueva en tu vida. Espera su reto. Espera batallas. Espera sucesos en tu vida que te van a obligar crecer para ser una persona más grande, más madura y más aferrada al Señor de lo que antes hemos sido.

Cuando pasamos por cosas duras en nuestras vidas, es la mano de Dios que esta trabajando en nosotros como el alfarero con el barro. Como que Dios nos está diciendo, "Si estás conmigo, si estás listo, si estás dispuesto, Yo te voy a llevar a otro nivel de madurez."

Cuando Dios propone hacer un Nuevo Movimiento en el mundo, necesita gente dispuesta a ser re-formada para caber en sus propósitos para tal época. Es como que el Alfarero dice al barro, "Ya por esta etapa de tu vida has hecho mis propósitos pero ahora quiero re-formarte porque tengo otro propósito para ti." Y luego el Alfarero toma el barro y lo deshace.

Pasamos por una demolición dolorosa. Son en estos momentos que cuestionamos a Dios: "¿Dónde estás? ¿Por qué me haces esto?" Dios no nos odia. Nos está re-formando. Hay ciertas cosas en nuestras vidas que Dios necesita quitar y otras que necesita agregar para hacernos un vaso más grande, porque Dios tiene propósitos más grandes, tiene una unción más grande para nuestras vidas.

1 Pedro 4:1-2 dice, "Como Jesús padeció todo lo que ustedes padecen y mucho más, aprendan, pués, a pensar y ser como Él piensa. Consideren sus sufrimientos como apartarse poco a poco de los antiguos hábitos del pecado. Estos hábitos

siempre esperan obtener cada capricho carnal. Así serán capaces de vivir libres de ello para perseguir lo que Dios quiere para sus vidas, en vez de ustedes vivir bajo la tiranía de lo que el pecado desea."[1] Las cosas difíciles y dolorosas en la vida no son la ira de Dios, mas bien son la preparación del barro por el Alfarero.

Nuestras vidas son obras en proceso. Tenemos la tendencia de pensar que ya sabemos exactamente como Dios quiere obrar en nuestras vidas. Sobre los 16 años de ministerio, Dios nos ha dado a Teresa y a mí seis diferentes asignaciones ministeriales. Cada vez que el Señor nos movió, yo pensaba que podía predecir cúanto tiempo estaríamos y cómo Dios nos usaría. ¡Cada vez fallé el tino totalmente! Tenemos la tendencia de estar tan seguros de lo que Dios quiere hacer con nosotros, pero en realidad no podemos meter a Dios en nuestra pequeña cajita. Dios es el Alfarero todavía estamos en su mesa en su proceso. Él tiene la capacidad de formar, re-formar o deshacer para formar algo nuevo. Mientras estamos en su rueda, bajo sus manos, estamos en su formación y Él puede hacer con nuestras vidas lo que Él quiera hacer.

Que Dios engrandezca nuestra forma de pensar.

---

[1] Traducido por el autor de la Biblia <u>The Message</u> por Eugene Peterson

Ahora quiero hablarte personalmente: Ya basta de decir que Dios no te puede usar. Ya basta de decir que tu vida no vale. Ya basta de decir que ya lo sabes todo y sabes exactamente para lo que Dios te hizo y que sabes exactamente lo que Él quiere para tu vida—que ya sé mucho de la Biblia y no necesito más formación. Estas son mentiras para solo mantenerte en una vasija pequeña. Mientras eres barro en las rueda del Alfarero, Él puede hacer con tu vida lo que Él quiera. Y si Él quiere tomar tu vasija pequeña y demolerla con el fin de re-hacerla en algo completamente nuevo, Él lo puede hacer. Para alcanzar madurez y engrandecimiento en tu vida, quizás eso es precisamente lo que necesita suceder. Cuando sentimos que Dios nos deshace, o la vida nos aprieta y hasta sentimos ganas de tirar la toalla—¡no tires la toalla! Porque es cuando Dios está haciendo algo nuevo—algo que requiere más fe, más dependencia de Él, más visión, o sea, Dios te está dirigiendo hacia una vida más grande para que Dios pueda usarte para sus propósitos más grandes que requieren más unción, más gloria y más de su presencia. Tu vida no es tuya—fuiste comprado por Jesucristo y estamos a su disposición.

Que Dios engrandezca nuestra carácter. Ya basta con el pecado. Ya basta con la mentira. Una gran parte del engradecimiento del Señor en nuestras vidas es decidir que ya no está bien vivir de esta forma. El pecado y la mentira y toda clase de inmundicia en la vida no pueden contener la gloria de Dios. No pueden contener lo que Dios quiere hacer a través de tu vida. Dios nos ha puesto en este planeta por solo algunos años para cumplir sus propósitos. Así que no hay tiempo que desperdiciar con el pecado, con huir de su llamado en nuestras vidas ni con la desobediencia. ¡Prepárate! ¡Cumple el propósito por el que te puso aquí! Considera lo que dice Salmo 45:7, *"Amas la justicia y odias la maldad. Por eso Dios —tu Dios— te ha ungido derramando el aceite de alegría sobre ti más que sobre cualquier otro."* Cuando hay desprecio para el pecado y vivimos en rectitud, ¡hay otra dimensión de unción que Dios dispone para nosotros!

Que Dios engrandezca nuestra madurez. Avanza en tu fe. Avanza en tu conocimiento de la Biblia. Avanza en tu habilidad de escuchar la voz de Dios. No hay una fórmula secreta para avanzar en la fe y escuchar a la voz de Dios. No hay fórmula secreta. Es pedir. Es buscar. Es querer. Es estudiar. Es comprometerte a las cosas de Dios. Es llegar a la iglesia cada vez que las puertas se abren. Es callarte para escuchar. Dios no tiene dificultad en comunicarse con un corazón dispuesto y que escucha. Somos nosotros los que tendemos a tener los oídos llenos de mucho ruido. Tal vez, de vez en cuando en el auto necesitas apagar la radio y hablar con el Señor, y permitir que Él te hable.

Todo esto es parte del engradecimiento del Señor en nuestras vidas. Antes de que Dios nos use a la capacidad que quiere, nos tiene que preparar.

Que Dios engrandezca nuestro deseo de su presencia. Que Dios engrandezca tu vida de oración. Clámale a Él por más de su presencia, y lo concederá. Que Dios engrandezca tu visión espiritual. Que ames lo que Él ama y aborrezcas a lo que Él aborrece. Que puedas ver con sus ojos a tu mundo alrededor. Seamos, pués, las vasijas de barro en la rueda del Alfarero listos y dispuestos a llegar a ser lo que Dios quiere que seamos.

5
La Espera

Quiero explicar lo que quiere decir la palabra "espera" y cómo se relaciona con lo que Dios quiere hacer en nuestras vidas personales y su Iglesia en general. Cuando pensamos en el esperar, solemos pensar en "pasar el tiempo," o "aguantarse," o "quedarse quieto" hasta que algo suceda.

Pero la espera tiene que ver con expandirse y prepararse. Cada persona tiene un destino para su vida—pero no lo logra de inmediato. Uno tiene que esperar, pero esta "espera" conlleva un proceso de crecimiento y preparación. Para poder pasar al próximo nivel académico, uno tiene que prepararse y expandir su capacidad en el grado que se encuentra. No se puede pasar al segundo grado a menos de que haya logrado pasar el primer grado. Si la meta es ir a la universidad, toca esperar, pero la espera no es de pereza—es muy activa. Uno "espera" desde el Jardín de Niños hasta graduarse de la Escuel Secundaria, pero es la espera que nos prepara para el paso más grande de la universidad.

Pero la palabra "esperar" también conlleva un entendimiento como un embarazo, ¡que también conlleva el proceso de crecimiento! Cuando una mujer "espera" un bebé, su cuerpo se expande con el crecimiento de la nueva vida dentro de ella, su familia expande para recibirlo, tal vez tienen que expandir la casa (o mudarse para algo más grande), y sus corazones se expanden para contener más amor para este nuevo miembro de la familia. De igual manera, hay muchos preparativos que hacer y así hacer campo para la nueva vida. ¡Esperar tiene que ver con preparación, expandir y engrandecer!

Una mujer tiene que esperar el nacimiento de su bebé y no hay nada que pueda hacer para apurar el proceso. Pero mientras ella espera, ella anticipa y prepara todo lo que el bebé necesitará.

Esperar pacientemente pero con la anticipación y la preparación para la nueva vida es exactamente lo que hacía mi esposa con nuestros cuatro hijos. Cada día que llegaba a casa, algo nuevo estaba listo: una pared pintada, los muebles cambiados de lugar, la cuna arreglada, los pañales listos y acomodados y miles de otras cosas. Mi esposa es una mujer casi inagotable en su preparación paciente. Cuando llegaron los bebés, ya había un lugar preparado para recibirlos.

De la misma manera, la Iglesia de Jesucristo está "esperando" nueva vida. Durante este Año de Espera, quiero que "esperemos" que Dios nos prepare, expanda, ensanche y engrandezca para poder dar a luz la nueva vida que Dios quiere darnos, y así cumplir el propósito y destino por el cual nos llamó a existencia. Pero para cumplir el destino, hay un proceso de espera.

6
La Espera y La Expectativa

Quiero hacer una distinción entre la espera y la expectativa—son similares en cierto aspecto y completamente diferentes en otros aspectos. Se nota la similitud en la anticipación de algo nuevo. Uno puede esperar con gran expectativa. ¡Eso es muy natural! Si uno espera un bebé, tiene la gran expectativa de nueva vida, de gozo y de una vida llena de alegría con esta nueva personita. Si uno espera abrir obsequios en la Navidad, uno tiene la gran expectativa de una sorpresa gozosa al abrir el regalo. Pero hay razón por la que hemos de esperar con expectativa, pero a la misma vez no poner sobre Dios un requisito de que cumpla nuestras expectativas personales en la forma en que pensamos que lo debe hacer.

En la espera, es natural tener la expectativa de cómo algo va a ser, cómo algo va a suceder, cómo algo se va a parecer o realizarse. Han habido padres que fueron por el momento decepcionados al nacer su bebé porque no resultó el género que deseaban. Han habido niños decepcionados en la Noche Buena porque no recibieron los obsequios que hubieran cumplido con sus expectativas. La espera no concordó con su expectativa, y así cuando llegó el momento de terminar la espera, no recibieron la cosa nueva con gratitud o con alegría.

La Fe y La Tragédia

Muchas veces la gente no recibe la obra de Dios en su vida por la misma razón. Si una persona está en medio de una tragédia u otra dificultad, luego clama a Dios por su intervención con la expectativa que Dios va a solucionar la dificultad. Pero Dios responde según lo que Él ve, no únicamente según lo que nosotros pensamos que necesitamos.

Al momento de esta escritura, han pasado 16 años desde la repentina muerte de mi papá de un aneurisma cerebral. Yo tenía 22 años y mi papá apenas 49. Mientras estaba en el hospital, miles y miles de personas oraban fervientemente para que este maravilloso pastor de una iglesia muy influencial se levantara de su cama totalmente sano—o hasta sucediera una resurrección de la muerte. Ciertamente todas nuestras oraciones unidas conmoverían al Cielo y ciertamente íbamos a ver un milagro. Tal no solamente era mi expectativa, sino la de muchos miles de personas. Pero nada sucedió. Él partió de este mundo para estar con el Señor con todas nuestras oraciones suspendidas entre el Cielo y la tierra aparentemente sin ninguna respuesta.

Por un tiempo yo luché con esto. ¿Por qué? ¿No eres el Dios de los milagros? ¿No dijiste que si oráramos por los enfermos se sanarían? ¿Serás un fraude? ¿Será un fraude todo lo que he creído?

Al recordarme de todas las experiencias que he tenido con Dios, yo sabía que no era un fraude. Recordando de todos los encuentros poderosos con el Dios vivo que he experimentado, sabía que Dios era real. En un tiempo extendido de cuestionar y recordar, yo sabía que Dios era real, poderoso, bueno y cariñoso para con nosotros— sin embargo, lo peor pasó.

Aquí es donde muchos pierden la fe; cuando la realidad de Dios no cabe dentro de la expectativa que tienen de Dios. Entonces, si Dios es todo lo que acabo de enumerar, y todavía lo peor pasó, ¿en qué, pués, pondré mi fe? No puede ser que la ponga en su poder para sanar, porque en esta instancia, su poder para sanar no cumplió con mis expectativas. Así que no debo de depositar mi fe en su *habilidad* de cumplir con algo, sino en su *carácter* que nunca cambia: Él es bueno. A pesar del resultado; a pesar del dolor o la tristeza, la felicidad o el gozo; su carácter siempre es bueno y siempre está trabajando para el bien de su pueblo aún en nuestras expectativas rotas.

UNA RESPUESTA DIFERENTES A LAS EXPECTATIVAS
En respuesta a toda la maldad que hay en el mundo, Dios no respondió tirando una bomba divina para acabar con todas las personas malas del mundo y dejar las buenas. Éste es el pensar del humano—¡así literalmente lo quisieron hacer los discípulos de Jesús! Cuando los enemigos de los Judíos, los Samaritanos, no dejaron que Jesús y sus discípulos pasasen por su ciudad, ¡los discípulos pidieron a Jesús si podían llamar al fuego del Cielo caer sobre ellos! (Véase Lucas 9:51-56).

Pero Dios no respondió así—y no responde así. Su respuesta a la maldad del mundo fue enviar a un bebé. La maldad es debido al pecado. Este bebé vino a acabar con el pecado y destruir las obras de satanás. Para este bebé, no se encontró ningún lugar para que naciera entre su pueblo que vino a salvar, y se le tuvo que recibir entre los animales de un establo. Cuando el Rey Herodes preguntó a los escolares religiosos de la época sobre la apariencia del Mesías, ni ellos mismos, aquellos que deberían de haber tenido la mayor expectativa, no tomaron la iniciativa para buscarlo.

Cuando este mismo bebé llegó a ser hombre, igualmente no fue bien recibido. No es posible que este hombre sea el Mesías; ¡debería tener más aspecto de un Rey-guerrero que derrotará a nuestros enemigos Romanos! Tampoco fue recibido como Profeta, Sacerdote, Rey o Hijo de Dios—y lo condenaron a la muerte. Ellos no podían ver el plan de Dios aunque estaba justo en frente de sus narices.

De igual manera, nosotros buscamos respuestas espectaculares de Dios—¿y así no lo debemos de esperar? ¿No debería el Dios todopoderoso responder con toda su fuerza en cada situación? *Pero Dios nos responde de manera totalmente diferente, Él dio al mundo un bebé. Otra cosa que nos da, que al pensarlo puede ser insignifiativa, es una semilla.*

Una simple semilla parecería no ser nada comparado a nuestra expectativas. Pero esta semilla del Reino de Dios cuando germina en el corazón de una persona, obra una transformación total desde adentro para fuera. Pero muchas veces estamos tan enfocados en lo que pensamos que Dios *debería hacer*, que no podemos ver lo más grande y profundo que *está haciendo* en nuestras vidas.

Éste es el punto central de Juan 9 y el milagro de la sanación del hombre ciego. El hombre nacido ciego fue doblemente sanado. Sus ojos físcos y espirituales ambos se le abrieron. Sin embargo, aquellos que eran los principales líderes religiosos no podían entender o ver el significado del milagro ni el Hijo de Dios obrando en su medio. Aquél que era ciego pudo ver porque recibió bien lo que Dios estaba haciendo, y los que podían ver estaban totalmente cegados a la obra de Dios porque Jesús no era la "forma" en que se imaginaban que el Mesías sería, y le tenían envidia.

La envidia y la ofensa ciegan los ojos de la gente para las obras de Dios porque no pueden ver ni recibir la manera en que Dios está obrando. Así que cuando el Mesías se paró frente a ellos e hizo las obras de Dios, no vieron que era Dios mismo en su medio. Me da tristeza pensar cuantas veces la Iglesia de Jesús y yo, hemos hecho lo mismo. Nosotros tenemos nuestras expectativas humanas y nuestras "cajitas" teológicas; nuestros cortocircuitos de 20 amperios y vasijas pequeñas. La pequeñez de nuestras expectativas humanas muchas veces no permiten que recibamos lo nuevo que Dios quiere hacer.

Jesús no vino de la forma que el pueblo esperaba,

sin embargo, algunos sí pudieron reconocer a la obra de Dios en el bebé de las personas pobres y desconocidas: José y María. Los que pudieron reconocerlo era gente guiada por el Espíritu Santo. Muchas personas son religiosas pero no caminan de cerca con Dios. Gente religiosa no puede ver la obra de Dios aunque esté en frente.

Jesús en los Más Pequeños
En Mateo 25:31-46, Jesús contó la parabola de las ovejas y las cabras—o, como lo entendemos de la misma parabola, todos nosotros, los fieles y los infieles, quienes el Rey Jesús juzgará. Se mide el juicio de ambos de acuerdo a cómo respondieron y cómo trataron a Jesús cuando estaba frente a ellos. Las "ovejas" (las personas fieles) y las "cabras" (las personas infieles) ambos hicieron la pregunta de cuando mostraron el amor; cuando le sirivieron; cuando proveyeron [o no] para Jesús. Y Jesús les respondió, "en cuanto lo hicisteis a uno de estos mis hermanos más pequeños, a mí lo hicisteis."

Me pregunto cuántas veces Jesús ha estado frente de nosotros y no tuvimos la sensibilidad de verlo. Me pregunto cuántas veces le hemos dado la espalda a Jesús cuando maltratamos o juzgamos a alguien en nuestra iglesia; cuando rehusamos invitar a alguien hambriento a comer; cuando no cuidamos a la mujer embarazada en la iglesia;

cuando no compartimos el Evangelio con alguien quien Dios colocó en frente de nosotros. Me pregunto cuántas veces no se le reconoce a Jesús entre su propio pueblo hoy día. Muchas personas juran que jamás serán rígidas, religiosa, legalista o ciego espiritualmente como los Fariseos de la época de Jesús—¿Pero lo seremos nosotros? ¿Podemos ver a Jesús en las personas "más pequeñas?"

Simeón y Ana lo reconocieron cuando José y María lo presentaron en el Templo a los ocho días. No vieron un guerrero fuerte, un Rey conquistador ni nada que les hubiera indicado que era el Hijo de Dios. Ellos lo reconocieron de inmediato en el cuerpo de un bebé de ocho días. Ellos eran espiritualmente astutos y reconocieron la manera en que Dios sutilmente—hasta casi impercibido—llega entre su pueblo para liberarlo. Es muy significativo que eran precisamente las dos personas quienes estaban en la oración constante y guiados por el Espíritu Santo, quienes pudieron reconocer al Mesías cuando llegó de bebé. Yo oro que cada uno de nosotros seamos igualmente atentos espiritualmente al entregarnos a la oración.

Esto era verdad en los tiempos de Jesús y sigue siendo verdad hoy en día. Jesús hizo las obras de Dios pero como la envidia y la ofensa no dejaban ver a la gente religiosa de aquellos días, igual hoy día, la misma mentalidad pequeña persiste en un espíritu religioso. Cuando Dios se mueve a través de personas o Iglesias, el espíritu religioso de la contensión, el debate, la envidia, el legalismo, la auto-justicia y la crítica se levanta en contra del nuevo mover de Dios. Pero caminar de cerca con el Espíritu Santo nos permitirá ver y alegrarnos en la obra verdadera de Dios.

Nosotros no tenemos control sobre el género o las facciones de un bebé, tampoco tenemos control sobre los obsequios que alguien nos regala. Sólo tenemos la espera y anticipación de algo nuevo. Así es con lo nuevo que Dios quiere derramar sobre nosotros. No tenemos el lujo de requerir de Dios el resultado de cómo algo va a ser, cómo va a suceder o cómo se va a parecer. Al final, el punto central de la obra de Dios no es en el "cómo lo va a hacer" sino en el "qué está actualmente haciendo." Esperamos con gran anticipación que Dios está haciendo algo nuevo y grande, pero sin una expectativa preconcebida de exactamente cómo Dios lo llevará a cabo.

Muchas personas se dejan llevar tanto por sus expectativas que terminan perdiendo la bendición que está frente a ellos o el proceso que Dios quiere cultivar en sus vidas. No está bien anhelar tanto a un cónyugue que, en un momento de desesperación, uno va y se casa con la primera persona que le guiña el ojo. Tal persona no supo esperar, sólo cumplir con su expectativa que demoraba demasiado. Tan efocada en la expectativa está tal persona que no puede ver lo que Dios quería primero realizar en su vida para prepararle para lo mejor.

Hay momentos en que parece que Dios no está obrando lo suficientemente rápido. Estos son momentos de nuestra frustración y enojo. Los momentos de tristeza y el sentir estancado. ¿Qué es lo que hacemos en estos momentos? La mayoría de nosotros intentamos forzar el asunto. Hablamos o tomamos la acción en el momento incorrecto y estropeamos una oportunidad. Nos dejamos controlar por la emoción e intentamos aliviar la frustración con vicio. En corto, nosotros hacemos un "becerro de oro" como lo hicieron los Israelitas. En su libro *Las Llaves de Pasar Su Prueba Espiritual*, Abraham John habla del incidente del becerro de oro:

"Fueron impacientes, tomaron sus vidas en sus propias manos y se creían Dios. Siempre habrán tiempos en nuestras vidas cuando…las cosas no sucederán de la forma que queremos…Cuando reprobamos la prueba de la gratificación retrasada y no esperamos en el tiempo de Dios, siempre nos metcremos en algo que no es la voluntad perfecta de Dios. Cuando nos lanzamos a hacer algo que no está en acuerdo con la voluntad de Dios para nuestras vidas, nos llevará a situaciones y resultados que no se deshacen facilmente, y cosas que ni esperábamos ni queríamos que sucedieran de repente."

Sin embargo, tenemos la promesa que "los que esperan en el Señor...correrán y no se cansarán..." Y Dios "[da] su comida a su tiempo. [Abre su] mano [colma] de bendición a todo ser viviente.[2] Pero Dios siempre lo hace en su tiempo.

---

[2] Isaías 40:31; Salmo 145:15-16

7
Tirando la Casa por la Ventana con la Oración

Después de siglos de su infidelidad descarada, Dios permitió que Babilonia se llevara las tribus en el sur de Israel en cautiverio. Aun en su cautiverio, había la promesa del retorno de un remanente a Israel. El castigo duró setenta años según el profeta Jeremías (Jeremías 29:10).

El ministerio del profeta Daniel duró los setenta años del cautiverio. Mientras Daniel leía el libro del profeta Jeremías, se dio cuenta de que los setenta años ya casi se cumplían. Se grabó la respuesta de Daniel en Daniel 9:2-3, "en el primer año de su reinado, yo, Daniel, miré atentamente en los libros el número de los años de que habló Jehová al profeta Jeremías, en los que habían de cumplirse las desolaciones de Jerusalén: setenta años. Volví mi rostro a Dios, el Señor, buscándolo en oración y ruego, en ayuno, ropas ásperas y ceniza."

Cuando el momento se cumplió y ya era la hora de liberación, la respuesta de Daniel fue orar—y orar duro. Daniel entendió que sus oraciones eran cruciales en desatar el mover de Dios y para cumplir su destino. La oración intensa y la intercesión intencional que libera a la gente de su cautiverio, que mueve la mano de Dios y que destata a la gente hacia sus destinos es la clase de oración que tira la casa por la ventana.

Hay momentos cuando hay que empujar duro—es cierto en lo espiritual tanto como lo es en lo físico. Hablando de los últimos tiempos, Jesús los comparó a los dolores de parto de una mujer que está por dar a luz (Mateo 24:8). Una mujer no sabe exactamente cuando nacerá el bebé, pero cuando los dolores de parto son suficientemente fuertes, dolorosos y frecuentes, ella sabe que la hora ha llegado para empujar duro para que nazca el bebé.

Lo mismo es cierto en lo espiritual. Las señales del tiempo, como los dolores de parto, son advertencias claras para que empujemos en la oración. Esto es lo que Daniel estaba haciendo: dando a luz la liberación de Israel en la oración. Considera lo que sucederá si no vemos las señales de los tiempos y no oramos para que la obra de Dios nazca entre nosotros. Si la mujer no empuja al bebé, está en riesgo las vidas de los dos.

De igual manera en los tiempos del profeta Ezequiel, Dios iba a derramar su juicio sobre Israel y Dios declaró al profeta en Ezequiel 22:30, "…Busqué entre ellos un hombre que levantara una muralla y que se pusiera en la brecha delante de mí, a favor de la tierra, para que yo no la destruyera; pero no lo hallé." La implicación es que aunque Dios estaba dispuesto a desistir en el juicio, como no había quien se levantara ante Dios en oración e intercesión, sigió adelante el juicio. Dios está listo para moverse sobre el mundo. ¿Te levantarás tú y orar por un mover tremendo de su Espíritu Santo en estos últimos días?

Las Dos Copas

Hay un principio que encontramos en la Biblia de "la medida de la iniquidad" donde el juicio de Dios llega a ser iminente cuando la medida del pecado es mucha en una persona o pueblo para dejar continuar. Esto fue cierto de Nabucodonosor, sobre quien Dios pronunció su juicio por la medida grandísima de su orgullo insolente (Daniel 4:28-33). Igual lo fue para el sucesor de Nabucodonosor, Belsasar, quien vio la escritura sobre la pared. Para Belsasar, la escritura le condenó diciendo, "usted ha sido pesado en la balanza y no dio la medida" (Daniel 5:27 NTV). Interesantemente, cuando Dios mostró a Abraham la Tierra que su desendencia iba a heredar, Dios le dice, "Cuando hayan pasado cuatro generaciones, tus descendientes regresarán aquí, a esta tierra, porque los pecados de los amorreos no ameritan aún su destrucción" (Génesis 15:16 NTV). Jesús dijo que a la medida que le damos a otra persona, se nos dará a nosotros (Mateo 7:2). Finalmente, a la Gran Prostituta de Babilonia, por ella ser tan cruel y pecadora, y por haber tomado de la copa de la sangre de los justos, se le dio de beber de la copa de la ira divina de Dios (Apocalipsis 16:19). Aquí, en este caso, la "medida" del pecado es una copa, y llega al punto que que desborda la copa.

Pero hay otra copa. Salmo 23:5 dice, "Aderezas mesa delante de mí en presencia de mis angustiadores; unges mi cabeza con aceite; mi copa está rebosando." Aquí podemos ver la copa desborda de la bendición de Dios y no el juicio. En Romanos 5:20, el Apóstol Pablo dice que donde aumenta la medida del pecado, abunda más todavía la gracia de Dios. No es que podemos seguir en el pecado para experimentar más de la gracia de Dios, pero que la gracia de Dios es suficiente para perdonar totalmente.

Ambas la Copa del Pecado y la Copa de la Gracia se están llenando. Yo creo que la Copa de la

Gracia se llena mucho más rápido que la del pecado. Pero si no intercedemos por nuestras ciudades, estados, nación y mundo, la Copa del Pecado desbordará, como en Ezequiel 22:30. Tirando la Casa por la ventana con la oración es llenar la Copa de la Gracia de Dios. ¡Quiero que desborde esta Copa!

Orando Durante las Épocas

De igual manera hay épocas en tu vida cuando algunas cosas están sucediendo en las vidas de tus hijos, en tu trabajo o en tu propia alma que requieren, como Daniel, un oído atento a lo que Dios está haciendo en ese momento para intervenir con su Reino y restauración. Entendemos lo que Dios está haciendo a través de la Biblia, a través de esperar en Él, a través de escuchar su voz y a través de estar atentos de las señales en nuestras vidas. Al entender el tiempo, luego participamos con Él y oramos fuertemente hasta que la obra de Dios se revele en nuestro medio y su Reino se manifieste. Pero esto no sucederá sin la participación de nuestra oración. ¡No te des por vencido en tu intercesión por tus hijos, ni por tu matrimonio! ¡No dejes de orar por lo que Dios está haciendo en tu vida, familia, iglesia y mundo!

Dos Intercedores que Tiraron la Casa por la Ventana

La Biblia nos habla del mover más espectacular de Dios en la historia del mundo. "Cuando vino el cumplimiento del tiempo, Dios envió a su Hijo, nacido de mujer y nacido bajo la Ley" (Gálatas 4:4). Cuando Dios hubo colocado a todo en su orden, ya era la hora de moverse entre la humanidad como nunca antes.

En la historia del nacimiento de Jesús, hay dos personajes de quienes la mayoría de la gente se olvida, pero estas dos personas tenían mucho que ver con el mover más grande de Dios que el mundo ha visto—la llegada de Jesucristo al mundo. Ellos se llaman Simeón y Ana.

Simeón era un hombre "justo y devoto" y él esperaba la llegada de la redención de Israel. Es importante notar que la Biblia menciona tres veces que Simeón era un hombre en comunión con el Espíritu Santo. El Espíritu *estuvo con él*, el Espíritu *le dio la revelación* que vería el Cristo (el Mesías—el Ungido) antes de morir, y *fue movido* por el Espíritu Santo de ir al Templo el día en que Jesús fue traido ahí por sus padres (Lucas 2:25-28).

Simeón y la Venida de Cristo
Simeón "esperaba" la realización de la promesa de Dios y la redención de Israel. Como hablamos anteriormente, la palabra "esperar" no quiere decir que podemos estar perezosos sentados en el sofá todo el día comiendo Sabritas, esperando la

posibilidad que algo tal vez suceda. La espera de Simeón eran una espera activa y llena de esperanza para el cumplimiento de la promesa de Dios.

Cuando Dios quiere dar nueva vida—o un Nuevo Movimiento—en nuestro mundo, Él busca un lugar preparado para recibir esta nueva vida; un lugar lleno pacientemente y activamente de anticipación. Simeón esperaba la salvación de Dios y también fue guiado por el Espíritu Santo hacia el cumplimiento de ella. Salmo 25:5 declara, "Encamíname en tu verdad y enséñame, porque tú eres el Dios de mi salvación; en ti he esperado todo el día."

Simeón esperaba en Dios de esta misma forma: esperaba con anticipación, y esperaba mientras preparaba un ambiente para la venida del Cristo. Simeón anhelaba, buscaba, oraba y tenía hambre para ver el cumplimiento de la promesa de Dios. El pasaje bíblico en Lucas 2:25-28 no lo dice explícitamente, pero podemos tener por seguro que lo que hacía Simeón era interceder para lo que el Espíritu Santo le había revelado pasara con la venida del Mesías. Cuando Dios nos da revelación por su Palabra, en visiones o sueños, o por medio de profecía, el propósito no es especular con todo el mundo en el Facebook o Instagram—es para orar. Dios revela lo que está haciendo para que oremos e intercedamos hasta que llegue a suceder. La revelación y la incercesión van mano en mano.

Acerca de Simeón, la Biblia menciona el Espíritu Santo junto con Simeón tres veces. Este pasaje dice que el Espíritu Santo *estuvo* con él, le *reveló* lo que Dios quería hacer en el mundo por enviar el Mesías, y le *guió* al Templo para ver el cumplimiento de los planes de Dios. El Espíritu Santo quiere guiar a nuestra intercesión de la misma forma.

Mientras oramos e intercedemos por nuestras familias, amigos, Iglesias, nación y mundo, el Espíritu Santo tiene que tomar el papel central. Tenemos que permitir que Él habite entre nosotros igual como *estuvo* con Simeón. Conforme damos la bienvenida a su presencia entre nosotros quienes tenemos oídos atentos a su voz y cuyos corazones sean sensibles a su dirección, Él nos *guiará* en cómo debemos de orar e interceder. La guianza es uno de los ministerios esenciales del Espíritu Santo. Jesús dijo en Juan 16:13 que el Espíritu Santo nos guiará en toda verdad. Igual como el Espíritu Santo le reveló a Simeón lo porvenir, el Espíritu Santo nos guiará en cómo hemos de orar por el Nuevo Mover sobre este mundo.

Finalmente, el Espíritu Santo llevó a Simeón al

lugar correcto en el momento correcto para ver el cumplimiento de la promesa. Así mismo, mientras oramos, intercedemos y escuchamos la voz del Espíritu Santo, nos llevará hacia todo lo que nos ha prometido. Cumplirá *en* nosotros y *a través* de nosotros todo lo que desea hacer en el mundo *alrededor* de nosotros.

Ana y La Venida de Jesús

En el mismo tiempo de Simeón, había una mujer profetiza en el Templo, que se llamaba Ana. El pasaje bíblico dice que ella, igual que Simeón, esperaba la llegada del Mesías. Ella se dedicaba a la oración y ayuno todos los días en el Templo—casi no salía del Templo, (Lucas 2:36-38). El pasaje no dice directamente por qué oraba y ayunaba, pero el contexto sí nos deja saber. Ella, como Simeón, esperaba el Salvador de Israel—y fue por eso que oraba y ayunaba.

Ana era una intercesora ferviente. La palabra griega que se usa para las oraciones que Ana hacía es una de súplicas intensas y plegarias—fue intercesión para que Dios interviniera en el mundo. Como vemos con Simeón y Ana, ellos dos exhiben las características de la intercesión que conmueve el corazón de Dios y mueve la mano de Dios. La esperanza y anhelo de Simeón y la oración ferviente, fuerte y constante de Ana—ellos intercedían para que el plan de Dios en Cristo Jesús se cumpliera en el mundo.

LA ORACIÓN Y EL AVIVAMIENTO

La intercesión de Simeón y Ana tenían que ver con el tiempo histórico en qué llegó Jesús. Tal vez esto sea un poco difícil creer. "A final de cuentas, ¿No tenía en marcha Dios un plan para cuando Jesús vendría?" preguntamos. Claro que sí. Pero el hecho que Dios tenía un plan en marcha no revoca el hecho de que Él necesita que gente clame en intercesión hasta que se cumpla su plan. Quizá tú vuelvas a preguntar, "¿Pero no es soberano Dios? ¿No es eterno y todopoderoso?" Claro que sí lo es. Él puede hacer lo que quiera cuando lo quiera hacer. Seguramente el Dios ominpotente no contó únicamente con Simeón y Ana. Por supuesto Dios *puede* hacer como quiera, pero Dios tomó una decisión *en su soberanía* acerca de cómo la vida sería entre Él y la humanidad. Soberanamente Él decidió participar con nosotros y trabajar a través de nosotros.

Como John Wesley dijo, "Dios no hace nada en el mundo sino en respuesta a la oración humana." Cuando Dios le dijo al profeta Elías que ya estaba por llover, Elías oró fervientemente hasta que lloviera—las oraciones de Elías eran el impetus para el milagro (2 Reyes 18:41-46). Hasta Jesús nos dijo que oráramos así: Que lo que sucede en el Cielo se haga realidad aquí en la Tierra (Mateo 6:10).

Dos veces Dios le dijo a Moisés que iba a destruir a los Israelitas en el desierto y volver a comenzar con Él. La primera vez fue con el incidente del becerro de oro y la segunda fue cuando los diez espías dieron mal reporte y provocaron duda en el pueblo para no creer a Dios. Sin embargo, la intercesión de Moisés detuvo la mano de Dios y Dios siempre no destruyó a su pueblo (Éxodo 32:12-14; Números 14:11-20). Mas, como ya vimos en el libro de Ezequiel, Dios buscó un hombre que cerrara la brecha en intercesión para que Dios se detuviera en su plan de juzgar a su pueblo. Pero como no había intercessor, el juicio siguió adelante. Dios quería—no, necesitaba—quien le detuviera. Si lo hubiera, las cosas habrían sido diferentes (Ezequiel 22:30).

Nosotros queremos ver un movimiento de Dios en nuestro medio. Cada mover de Dios comienza primeramente con oración e intercesión. Un avivamiento no sucede solo porque se anuncie en algunas noches de los servicios en la iglesia; sino es cuando el pueblo de Dios comienza a vivir en pureza y santidad y le clama a Él por una intervención en su iglesia y mundo alrededor. Dios nos tiene en su proceso y en su tiempo de "espera." Es como que su Iglesia está embarazada. No podemos adelantar el proceso, pero ¿qué estamos haciendo mientras tanto para prepararnos adecuadamente? Esperamos en el Señor, ¡pero esperamos activamente! ¡Ora, Iglesia, que Dios nos responderá!

8
LO QUE PASA CUANDO TIRAS LA CASA POR LA VENTANA CON LA ORACIÓN

Simeón y Ana tiraron la casa por la ventana con la oración para el venida del Mesías y Dios contestó sus oraciones. El Mesías, Jesucristo, vino anunciando la venida de un nuevo Reino que destruirá las obras de satanás (1 Juan 3:8). Jesús cumplió con las expectativas de los Judíos del primero siglo, pero no de la manera en que ellos anticipaban. No los liberó de la tiranía de los Romanos; los libró de la tiranía del pecado. Aunque Simeón y Ana no lo sabían en el momento, ellos ayudaron a prender una mecha que provocó una explosión mundial.

Cuando Jesús llegó a la edad de iniciar su ministerio, su trabajo no tocó más allá que las fronteras de Israel. Hubieron unas veces que ministró a algunos gentiles, pero Jesús mismo dijo, "No soy enviado sino a las ovejas perdidas de la casa de Israel" (Mateo 15:24). Pero nosotros sabemos por medio de la revelación de las Escrituras, ambos en el Antiguo Testamento como el Nuevo, que el plan total de Dios en la salvación incluye a todas las naciones, étnias, tribus e idiomas. Sin embargo, aunque estas dos cosas que parecen incompatibles hay razón.

En Cristo Jesús Dios entró en el entorno humano; Él mismo se hizo carne. Como Jesús anduvo sobre la Tierra, vivió como Hijo de Dios e Hijo de Hombre. Aunque no dejó de ser el Hijo de Dios, vivió como el Hijo de Hombre. Él era—y sigue siendo por toda la eternidad—humano. El Espíritu Santo llenó a Jesús con poder para obrar milagros, señales y prodígios, aun así seguía siendo hombre humano. Él no era omnipresente u omnipotente. Anduvo como ser humano igual como tú y yo.

El ministerio de Jesús no terminó con su resurrección ni con su ascensión de regreso al Cielo, no. No terminó—*explotó*. Después de la ascensión, el ministerio de Jesús se extendió mucho más de lo que Él pudiera haber hecho Él sólo. Poco antes de la crucifixion, Jesús dijo a sus discípulos que era una ventaja que se fuera. Si no se hubiese ido, no podría enviar el Espíritu Santo a los creyentes. Jesús sabía que había venido a redimir a la humanidad, pero también sabía que había venido a dar poder a la humanidad.

Juan el Bautista proclamó que Uno venía después de él y que Él [Jesús], "...los bautizará con el Espíritu Santo y con fuego" (Lucas 3:16). Cerca al final del ministerio terrenal de Jesús, Él anhelaba la explosión y el estallido de su ministerio diciendo, "Yo he venido para encender con fuego el mundo, ¡y quisiera que ya estuviera en llamas!" (Lucas 12:49 NTV). El fuego a que Jesús se refería es el fuego del poder del Espíritu Santo ardiendo en todos los creyentes. Jesús sabía que cuando se enviara el Espíritu Santo, habría una explosión mundial de su ministerio por el poder del Cielo tocando la Tierra por medio de su gente.

Jesús anunció a sus discípulos, "De cierto, de cierto os digo: El que en mí cree, las obras que yo hago, él también las hará; y aun mayores hará, porque yo voy al Padre" (Juan 14:12). Somos los hijos de hombre quienes hemos llegado a ser los hijos de Dios llenos de su Espíritu para hacer las mismas obras que el Hijo de Dios y Hombre hizo. De esta forma el ministerio de Jesús expandió por vivir en y a través de nosotros por su Espíritu.

La Explosión Mundial
Poco antes de regresar al Padre para desatar el

Espíritu Santo sobre nosotros, Jesús instruyó a sus discípulos:

"No se vayan de Jerusalén hasta que el Padre les envíe el regalo que les prometió, tal como les dije antes. Juan bautizaba con agua, pero en unos cuantos días ustedes serán bautizados con el Espíritu Santo." (Hechos 1:4-5 NTV).

Desde el tiempo de la ascensión hasta el envío del Espíritu Santo en el día de Pentecostés, los seguidores de Jesús se reunían en el Aposento Alto. Ellos estaban en unidad y oraban—tirando la casa por la ventana. Éstas no eran de las oraciones cortas a las que nos acostumbramos. Eran oraciones que duraban horas sin fin con plegarias intensas. Si fuera algo diferente, Lucas, el autor del libro de los Hechos, no pensaría hacerla digna de mención.[3]

¿Qué es lo que oraban los discípulos en este Aposento Alto? Podemos conjeturar que oraban por la misma cosa que Jesús les había prometido: la venida del Espíritu Santo. Es probable que no entendían totalmente lo que pasaría cuando viniera el Espíritu Santo, a lo que se aferraban los discípulos era la última instrucción de Jesús de no irse de ahí hasta que el Espíritu viniera. Y de

---

[3] Keener, Craig. <u>Bible Background Commentary: New Testament</u>. InterVarsity Press. (Downers Grove: 1993), 325

repente sucedió: El Espíritu Santo vino y _**todo**_ cambió.

Hay una simetría bella entre las oraciones de Ana y Simeón y las de los discípulos: ¡Ellos todos oraban y desataron el Nuevo Mover de Dios! La explosión mundial comenzó con el derramamiento de poder sobre los creyentes. No es ninguna coincidencia que todo esto sucedió durante una reunión de oración.

De la misma forma, hay una bella simetría que nosotros podemos igualar en estos tiempos. Simeón y Ana con intensidad oraban, intercedían y ayunaban antes de la primera venida de Jesucristo. Tal y como había una anticipación apasionada del Mesías en el primer siglo, existe hoy una anticipación creciendo e igualmente apasionada para la Segunda Venida de Jesucristo. *Si tiraron la casa por la ventana con oración poderosa antes de la primera venida de Jesús, ¡deberíamos hacer lo mismo antes de la Segunda Venida!*

¡Tú y yo somos Simeón y Ana! ¡Tú y yo somos los discípulos de Jesús! Dios nos responde cuando le clamamos a Él, y su Espíritu Santo comienza a moverse en nuestro medio cuando estamos abiertos y disponibles, cuando estamos sometidos a su Reinado y fundamentados en su Palabra. ¡Ora! Levanta la voz ante Dios. Clama por el

Nuevo Mover de su Espíritu. Clama por su Segunda Venida. Clama para que billones de almas se salven en estos Últimos Días.

La Obra del Espíritu Santo

Dios busca un pueblo que permita la obra del Espíritu Santo en su medio. Quiere un pueblo que no ignore a la obra por la ignorancia, que no la rehuse por el miedo y que no la abuse en su egoismo. Dios desea un pueblo que, con sensibilidad, permita que Dios entre y haga lo que Él quiere hacer.

Hace años, hubo un culto en un miércoles particular cuando Dios soltó la sanidad sobre la congregación que pastoreaba. No había yo anticipado este movimiento repentino de Dios entre nosotros, pero hubo algo inusual que pasó antes de que comenzara el culto.

Un hombre joven alcohólico me contactó. Él estaba en frente de una liquorería llorando. Todo dentro de él deseaba tomar, pero ya estaba cansado de su adicción y quería ser libre. Había una lucha enorme dentro de él. En su lucha interna, me envió un mensaje de texto y lo llamé de imediato. Le dije que viniera a la iglesia y comencé a orar por él. Mientras le ministraba, comencé a clamar desde lo profundo de mi ser para que Jesús el Sanador liberara y sanara a este hombre. Una y otra vez yo gemía y gritaba para que viniera Jesús el Sanador. Después de muchos minutos de oración, terminamos y nos preparamos para el culto.

Durante la adoración, el Espíritu Santo me indicó que había un río de sanidad fluyendo en la congregación y que Dios estaba aquí para sanar. Yo no había anticipado tal suceso, pero yo obedecí el impulso de Dios y llamé a todos los que estaban enfermos que pasaran adelante para que oráramos por ellos. Alrededor de la mitad de la congregació pasó en frente y Dios comenzó a tocar a muchas personas. Mientras orábamos, el Espíritu Santo me explicó por qué había un río de sanidad fluyendo: Es porque yo había clamado a Jesús el Sanador antes del culto. Al clamar a Jesús, ¡Él llegó para sanar!

Igual como los discípulos se reunían en el Aposento Alto, e igual como Simeón y Ana constantemente clamaban a Dios en su Templo, y todos vieron un gran mover de Dios, Dios nos responderá a nosotros mientras oramos por un Nuevo Mover. Es el trabajo de la Iglesia alcanzar a los perdidos—tenemos que orar que Dios nos los entregue. Es el trabajo de la Iglesia interceder por la ciudad, el estado, el país y la nación—tenemos que orar para que haya un Nuevo Mover entre nosotros. Es el trabajo de la Iglesia discipular a la gente y ministrarle—tenemos que orar para que el Espíritu Santo nos dé el espíritu de sabiduría y revelación (Efesios 1:17). Tenemos que orar por el derramamiento de las obras poderosas de milagros, sanidades y la operación fructífera de los dones del Espíritu Santo entre nosotros. Si oramos, Dios se moverá entre nosotros. Si oramos, Dios derramará de su Espíritu Santo nuevamente sobre nosotros. Si oramos, Dios encenderá un Nuevo Movimiento entre nosotros.

9
TIRANDO LA CASA POR LA VENTANA
A TRAVÉS DE LA HISTORIA DEL MUNDO

Sobre el próximo capítulo, examinaremos nuestro papel de intercesores como Simeón y Ana para las naciones y el Nuevo Movimiento de lo que Dios destatará sobre la Tierra. Quiero tomar en cuenta el contexto histórico de los tiempos en los que vivimos y de lo que Dios está por hacer.

Hemos heredado un mundo con muchos problemas y polémicas que sólo Dios puede resolver. Son las decisions de la humanidad pecadora que creó estos problemas. Sin embargo, Dios está trabajando en nuestro mundo y tengo mucha confianza que un Nuevo Movimiento del Espíritu Santo no tardará mucho en venir. A la misma vez, Dios ya ha estado trabajando en la humanidad desde la creación, y está moviendo todo hacia una gran conclusión.

Nada sucede por casualidad, todo es resultado de las acciones o decisions tomadas a través de la historia de la humanidad. Somos los herederos de la historia y Dios es el Señor de toda la historia y Todo el tiempo está en sus manos—inclusive el Final. Como los herederos de la historia, es nuestro trabajo ser los mayordomos del presente y tirar la casa por la ventana con la oración para que la historia futura esté sobre un mejor curso—la manera de hacer esto es ser los agentes de Dios en la oración para intersectar e intervenir en los sucesos históricos interponiendo el Cielo sobre la Tierra. En otras palabras, ¡la acción más poderosa que podemos hacer para formar el futuro es tirar la casa por la ventana con la oración! Piénsalo así: Nosotros podemos impactar el presente, supervisar y gobernar eventos y formar el futuro por la manera en que oramos.

Jesús nos contó una parabola sobre el Final de la historia en Mateo 13:24-30:

"El reino de los cielos es semejante a un hombre que sembró buena semilla en su campo; pero mientras dormían los hombres, vino su enemigo y sembró cizaña entre el trigo, y se fue. Cuando brotó la hierba y dio fruto, entonces apareció también la cizaña. Fueron entonces los siervos del padre de familia y le dijeron: "Señor, ¿no sembraste buena semilla en tu campo? ¿Cómo, pues, tiene cizaña?" Él les dijo: "Un enemigo ha hecho esto." Y los siervos le dijeron: "¿Quieres, pues, que vayamos y la arranquemos?" Él les dijo: "No, no sea que al arrancar la cizaña arranquéis también con ella el trigo. Dejad crecer juntamente lo uno y lo otro hasta la siega, y al tiempo de la siega yo diré a los segadores: 'Recoged primero la cizaña y atadla en manojos para quemarla; pero recoged el trigo en mi granero.'"

A continuación en el mismo capítulo, Jesús claramente interpreta la parábola para sus discípulos. El sembrador representa Jesús; el campo representa el mundo; la buena semilla representa los hijos del Reino de Dios; la cizaña representa los hijos del Diablo; la cosecha representa el Final de la época; los cosechadores representan los ángeles. El escenario está puesto. Miremos a la historia humana con el lente de esta parábola.

La Obra de Dios A Través de la Historia
A lo largo de la historia humana, siempre ha existido el bien y el mal trabajando entre la humanidad. En Génesis 3:15, después de la caída del hombre en el pecado, Dios pronunció su primer juicio sobre la serpiente diciendo, "Pondré enemistad entre ti y la mujer, y entre tu simiente y

la simiente suya; ésta te herirá en la cabeza, y tú la herirás en el talón." Desde el principio Dios describe al bien y el mal como simiente—o semilla. La semilla de la mujer aplastará a la serpiente. Sin embargo, la serpiente tiene semilla también. La semilla de la mujer producirá un Salvador por el que la humanidad se salvará. Pero aquellos que le oponen a Dios y persiguen al pueblo de Dios son la "semilla" de la serpiente.

La historia entera de la Biblia es la de Dios trabajando en la historia humana para "destruir las obras del diablo" y recuperar la raza humana perdida, (1 Juan 3:8). En esta parábola de Jesús vemos la realidad básica de lo bueno de Dios y lo malo del diablo luchando el uno con el otros entre los seres humanos. Ambas "semillas" están creciendo juntos. Podemos ver en nuestro mundo la realidad en esta parabola. La maldad es vencida por la obra de Cristo en la cruz, pero no es extirpada del mundo todavía: Está madurando y llegando a su fruto junto con el Reino de Dios.

El campo de batalla es el mundo y el premio es el alma de la gente del mundo. Jesús, explicando sobre los Tiempos Finales, enseñó que así como en los días de Noé, tales serán los días de su venida. La Biblia habla de los tiempos de Noé que "la maldad de los hombres era mucha en la tierra, y que todo designio de los pensamientos de su corazón sólo era de continuo el mal," (Mateo 24:37; Génesis 6:5). Hasta la Segunda Venida y la cosecha final, ambos el bien como el mal crecerán y madurarán uno al lado del otro.

Un Mundo de Pocos Cambios

Por miles de años, el ser humano vivía sin muchos cambios. Claro que habían avances de tecnología, agricultura y el arte, pero estos avances duraban milenios en desarrollarse Aquí no voy a debatir la edad de la humanidad, no importa si uno cree que la humanidad lleva miles de años o millones de años, tiene poca importancia en el tema central de este capítulo. Hay un acuerdo general entre los historiadores académico que el mundo no hizo la transición entre la Edad de Piedra y la Edad de Bronce hasta entre 6000 BC y 2500 BC. Ésta fue una de las transiciones más grandes de la humanidad por muchos milenios.

Aun por la transición de las Edades de Piedra para la de Bronce y Hierro, hasta la Edad Media, con todos los avances que lograron, la realidad es que la vida cambió muy poco durantes todos estos milenios. Las ciudades y pueblos eran situadas de la misma forma, la agricultura y ganadería eran casi iguales; la guerra seguía igual (si usas armas de piedra, de bronce o de hierro, las tácticas son las mismas).

El Mundo Cambia—¡Rápidamente!

No fue hasta los últimos de Edad Media que el mundo comenzó a transformarse con más rapidez que lo había hecho desde la creación de la humanidad. Temprano en el sigo 14, Europa experimentó un "Renacimiento" que duró hasta el siglo 18.

Antes de seguir adelante, quiero poner en perspectiva este fenómeno: De los miles o milliones de años desde la creación de la humanidad, ¡el mundo moderno no comenzó hasta sólo hace 700 años!

El mundo occidental, que llegó a formar mucho del mundo que ahora conocemos, experimentó avances maravillosos en el arte con nombres como Da Vinci y Michelangelo; el desarrollo de teorías políticas como el comunismo y la libertad de la república democrática como la de los EEUU; la medicina y la sciencia y las armas militares (con el primer cañón de bronce producido en Florencia, Italia, en 1321). Esta arma era de gran significancia porque cambió la forma en que se hacía la guerra. Cuando cambia la forma de guerra, cambian las tácticas y en seguida, cambian la forma que se construyen las ciudades, y en seguida, cambia la forma de vida.

Nunca antes se había conocido tantas avances grandísimas en sucesión rápida desde la creación de la humanidad. Pero la Iglesia era dominante en la culutra occidental desde el Emperador Constantino se convirtió al Cristianismo en el año 312 AD. Sólo unas décadas después, en el año 380 AD, hicieron el Cristianismo la religión oficial del Imperio Romano.

Los finales de la Edad Media y en seguida el Renacimiento marcaron el inicio del mundo moderno. El Renacimiento fue el cimiento para un mundo mucho más secular. Aunque no era separado totalmente de la influencia de la Iglesia, las comunidades científicas, médicas, políticas e intelectuales comenzaron más y más a desprenderse del dominio que la Iglesia tenía sobre los últimos 1000 años.

El Trigo y La Cizaña Maduran Juntos
Durante los 1000 años de dominio, la Iglesia llegó a corromperse con el poder político, la fuerza militar, la riqueza ostentosa y el Evangelio diluido. Sin embargo, en las orillas de la historia, Dios se movía entre su Iglesia en medio de tiempos oscuros en la historia de la Iglesia.

Como un ejemplo extraordinario de los tiempos oscuros del dominio político de la Iglesia, el monje humilde y piadoso San Fransisco de Asis visitó el Papa en Roma. El Papa, que supuestamente es el sucesor de San Pedro como el "sobre el cual Jesús construirá su Iglesia," y como el Obispo de Roma, mostró a Fransisco la riquezas inmensas del Vaticano. Con orgullo el Papa le dijo, "Ahora Pedro no puede decir, '¡No tengo plata ni oro!'" Al cual Fransisco replicó, "Tampoco puede decir, 'levántate y anda.'"

Una explicación simplificada por el desprendimiento de la sociedad del poder de la Iglesia se debe mucho a que la Iglesia no abrazaba los avances scientíficos y tecnológicos, pero aun quería el poder absoluto sobre la culutra.

Durante el Renacimiento y el avance de la cultura moderna y secular, hay un Nuevo Movimiento del Espíritu Santo con un monje Católico que se llama Martín Lutero. Lutero retó a la Iglesia que se había extraviado del Evangelio en vender la salvación para levantar dinero para la construcción de la Basilica de San Pedro en Roma. El Nuevo Movimiento que Dios obró por medio de Lutero fue de que la salvación es solo por la gracia de Dios y fe en Cristo Jesús.

Justo al lado del crecimiento del Renacimiento secular es la gran Reformación de la Iglesia en el 31 de octubre, 1517. Junto con Lutero y el nacimiento de la Iglesia Protestante, el Espíritu se movía entre la Iglesia Católica, también. Ignacio Loyola, en 1534, fundó los Jesuitas, y ellos llegaron a ser algunos de los misioneros más exitosos en la hisotria de la Iglesia. Con estos dos movimientos, el Renacimiento y la Reformación, percibimos que la parábola del trigo y la cizaña se está cumpliendo—ambos el trigo de la Reformación como la cizaña del Renacimiento están madurando uno al lado del otro.

La Edad de la Razón y El Gran Despertar

Sobre los tres siglos anteriores, hemos visto el crecimiento y madurez del trigo y de la cizaña. Las creencias que comenzaron a manifestarse eran cada vez más anti-Cristo mientras, a la misma vez, el Espíritu Santo inició un Nuevo Movimiento como nunca antes en el mundo. Cuando el período del Renacimiento terminó, la siguiente etapa era la Edad de la Razón que duró desde 1650 hasta 1790.

La Edad de la Razón fue la glorificación de la habilidad humana de razonar. No hay nada malo con la razón y el pensar con el intelecto; que Dios nos dio mentes brillantes y la habilidad de usar las a la máxima capacidad. Sin embargo, la glorificación de la humanidad fue un avance en el pensar de la raza humana creyendo que nosotros podemos reemplazarle a Dios, hasta acabar con Él completamente. ¿Y por qué? Porque ya teníamos la ciencia, el intelecto y la razón hasta el punto en que Dios comenzó a llegar a ser poco más que una idea anticuada.

Donde muchos de los nombres grandes del Renacimiento eran hombres de la Iglesia, los nombres grandes de la Edad de la Razón eran mucho más desprendidos del pensar religioso. Muchos de ellos era deistas en vez de crisitanos. Un deista es uno que cree en Dios como el Creador pero insiste en que Dios está desprendido y desinteresado en el mundo, así la razón humana ahora es lo más importante—el cenit de todo lo creado.

Con las creencias dominantes de la cultura separándose cada vez más de Dios, el Espíritu Santo agitó un Nuevo Movimiento en la colonias Americanas con el fuego de avivamiento. Desde 1731 hasta 1755, este movimiento llegó a conocerse como El Gran Despertar. Dios usó a hombres como John Wesley, George Whitfield, y Jonathan Edwards. En una edad cuando la razón tendía ganar a la espiritualidad, la gente comenzó a llegar en grandes cantidades al Evangelio, clamaban a Dios en arrepentimiento y muchos fueron llenos con el poder del Espíritu Santo.

Las Grandes Revoluciones
Llegando a los finales de la Edad de la Razón, habían varias revoluciones iniciando alrededor del mundo, desde 1760 hasta 1820; y estas

revoluciones modificaron el curso de la humanidad. La Revolución Francesa—que corrió la Iglesia de Francia, en contraste a la Revolución Americana—que fundó la nación que ha sido más instrumental en difundir el Evangelio alrededor del mundo; y la Revolución Industrial—que avanzó a la sociedad mundial en el desarrollo de la ciencia, la tecnología, la fabricación industrial, y la migración de gente de granjas rurales a ciudades grandes. Una vez más, el ritmo del cambio mundial fue cada vez más rápido y la brecha entre la fe y lo secular seguía ensánchandose.

Con todo el razonamiento, los avances científicos y las revoluciones, Dios, una vez más, soberanamente hizo un Nuevo Movimiento por su Espíritu. Este avivamiento ocurrió entre 1790 y 1840, y llegó a conocerse como el Segundo Gran Despertar en el recién independizado Estados Unidos. Otra vez la gente llegó al Evangelio en grandes cantidades. Este fervor brotó en respuesta al hyper-racionalismo del día. Y otra vez, la gente se arrepentía y fue llena del Espíritu Santo.

El Segundo Gran Despertar provocó un fervor de voluntarismo y de misiones. A resultado de este Nuevo Movimiento, la oración, la intercesión y el avance del Evangelio, se enviaban misionarios de los Estados Unidos alrededor del mundo como nunca antes; la persona común, no tanto el ministro vocacional, avanzaba la causa del Evangelio en su vida cotidiana; y cuestiones como los derechos de las mujeres, la abolición de la esclavitud y el anti-alcholismo llegar al frente de la sociedad. Al inicio del Segundo Gran Despertar, la asistencia de la Iglesia en los Estados Unidos era entre 5% y 7%. Cien años después, ¡la asistencia había subido a 50%![4]

Poco después del Segundo Gran Despertar, la cizaña redobló su asalto en el Evangelio. La Teoría de la Evolución de Charles Darwin dio a la sociedad otra razón de desprenderse de su Creador. Tarde en el siglo 19, se armó la Revolución de los Bolshevik en Rusia y se levantó un estado grande y fuerte del Comunismo, el cuál creó "La Cortina de Hierro" y una terrible persecusión de los Cristianos después de la Segunda Guerra Mundial.

Entre más la sociedad se extravía de Dios, más fervientes han sido los Nuevos Movimientos—*el trigo y la cizaña se maduran juntos.* En una época cuando se han remontado los ataques en el Evangelio, y sólo he mencionado algunos pocos, Dios ha derramado de su Espíritu Santo en Gales y en Los Angeles, CA. El avivamiento en Gales en 1904 barrió a Inglaterra, Escandenavia y el

---

[4] Garlow, James. God and His People, Victor Books, Colorado Springs, 2004, chapters 13-16

continente de Europa. En 1906, el avivamiento de
Azusa Street inició en Los Angeles, CA. El alcance
de este Nuevo Movimiento fue tal que el mundo
no había conocido desde los primeros días de la
Iglesia cuando los creyentes evangelizaron el
mundo Romano.

Este avivamiento en Los Angeles, CA se convirtió
en un avivamiento mundial. En 1945, cuarenta
años después del comienzo de Azusa Street,
habían 16 milliones de Pentecostales.[5] ¡Al final del
año 2005, habían 600 millones![6]

UNA NUEVA REVOLUCIÓN—Y UN NUEVO
MOVIMIENTO

El mundo sigue cambiando hoy día. Hubo un gran
cambio en la evolución de la cultura y valores de
la sociedad durante el Renacimiento, y con cada
siguiente Edad, el ritmo fue cada vez más rápido
en los cambios, pero igualmente los han sido los
Nuevos Movimientos del Espíritu Santo.

Otra señal de la madurez del trigo y de la cizaña
sucedió en 1960 con el movimiento de los Hippies
y la Revolución Sexual. Casi nada más en la
historia Americana ha deteriorado el estado de
nuestra cultura como la Revolución Sexual.

---

[5] Garlow, 469-470
[6] Synan, Vinson
http://enrichmentjournal.ag.org/200602/200602_142_legaci
es.cfm

Promovieron las ideas que ya era aceptable que el sexo era algo frívolo, sin compromiso ni sentido de moralidad; que las drogas servían para expander la mente y de disfrute; la idea perversa y auto-gratificadora que la definición del amor es aquello que te hace feliz; y el concepto del relativismo que uno jamás puede retar la creencia de otro, así que uno puede vivir a su gusto y sin consecuencias. Si uno se atreve a retar a otra persona—o peor, no conformarse a la creencia de la cultura—esa persona es una intolerante llena de puro odio. Tal movimiento en el pensar del mundo transformó el mundo en una cizaña madura.

No debe de ser sorpresa alguna, pero junto con la Revolución Sexual, hubo un mover del Espíritu Santo otra vez. En 1960, la Renovación Carismática comenzó en una pequeña iglesia episcopaliana en Van Nuys, CA, con el padre Dennis Bennett. La Renovación Carismática alcanzó alrededor del mundo sobre las siguientes décadas. Junto con eso, en 1968, en Costa Mesa, CA, un Nuevo Movimiento salió espontáneamente entre los Hippies desilusionados con su creencia fracasada, y comenzaron a llegar a los pies de Cristo—este movimiento se conoció como los "Jesus People."

El Mundo de Hoy

Nos enfrentan retos en nuestro mundo hoy día que, tal vez no sean nuevos, pero han sido acelerados y cuyo alcance es más que en cualquier otro momento en la historia del mundo. Yo creo que estamos en Los Tiempos Finales y que el retorno de Jesús está muy cerca.

Como resultado de estos cambio rápidos sobre los últimos 700 años de la historia humana, la sociedad secular ha llegado decididamente anti-Cristo. Jesús comparó a las señales del Final con los dolores de parto (Mateo 24:8). Han habido señales de los Tiempos Finales desde la resurrección de Jesús, pero en los últimos 100 años, y especialmente en los últimos 60 años, los dolores de parto son más agudos, más frecuentes y más dolorosos.

La revolución LGBTQ sobre los últimos 20 años es el hijo feo de la semilla de la cizaña. La homosexualidad ya es aceptada—y celebrada—igual como es el aborto de niños no nacidos bajo la mentira que la mujer puede decidir si vive o no. La cultura ha llegado a ser tolerante de todo menos Jesús, es sobre sexualizado y ha permitido que la agenda de la comunidad LGBTQ, izquierdista, humanista, reletivista y progresiva envolver el mundo entero y cautivar las mentes y corazones de cientos de millones de personas con una furia demoníaca, y eso es lo que es: Demoníaco, no es político.

Con igual furia demoníaca, el Islam se ha presentado en el frente de la historia mundial. Los expertos proyectan que los que se adhieren al Islam van a igualar o pasar a los del Cristianismo. La amenaza de lo que el mundo podría llegar a ser en las próximas décadas es algo de preocupación. La "Primavera Árabe" en el Medio Oriente en el 2010 cedió lugar a más Islam radical; y una perspectiva izquierdista de nuestra cultura que prefiere los actos del Islam al poder Salvador de Jesucristo ha arreglado el escenario mundial para el Final. Las cizañas se están madurando—y ahora lo son.

La Conclusión

En cada área donde el Evangelio es retado y amenazado, Dios se interpone y provoca un Nuevo Movimiento donde Él se pone en el frente de la humanidad otra vez. El trigo y la cizaña ya casi están maduras. No sabemos ni el día ni la hora del retorno de Cristo, pero podemos ver claramente que el final de la época se aproxima. Necesitamos otro Gran Despertar—un Nuevo Movimiento—y necesitamos tirar la casa por la ventana con la oración como los hicieron Simeón y Ana.

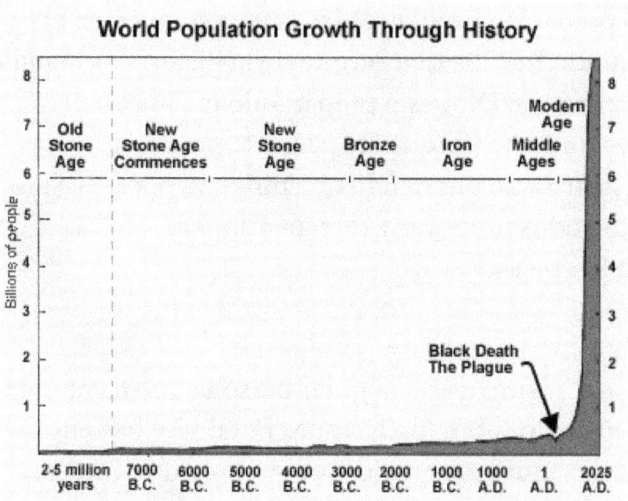

Este gráfico demuestra el crecimiento de la población humana durante la historia. En mi búsqueda en diferentes y variados recusos, la mayoría tienen mucha similitude al gráfico mostrado. La población humana no incrementa de forma dramática hasta el siglo 17 y 18.

Es fascinante que los movimientos más fuertes de Dios sobre el mundo (desde el siglo 16 hasta el 20) comenzaron precisamente en el momento que la población humana comienza su aumento meteórico. Siempre han habido movimientos en las franjas de la historia Crisitana desde el tiempo de Constantino hasta el primer Gran Despertar. Pero entre más cercas estamos al Final, más intensamente el Espíritu Santo se está poniendo al frente; y lo está haciendo junto con el aumento de

la población humana. Más personas viven en el mundo hoy día que el resto de la historia humana *combinada*. Dios está preparando un Nuevo Movimiento porque "es paciente para con nosotros, no queriendo que ninguno perezca, sino que todos procedan al arrepentimiento.
 (2 Pedro 3:9).

ORANDO EN LOS TIEMPOS FINALES
Estoy seguro que cualquier persona que haya pensando sobre los Tiempos Finales se ha sentido que es inutil orar o interceder. ¿Para qué vamos a orar? ¿Para que no se cumplan las profecías bíblicas? El pensar de muchas personas es no orar por el mundo porque ya todo está escrito y así se hará. Oramos en general por la paz o por la gente que conocemos o para que la familia e iglesia estén bien. El mundo es un lugar muy oscuro y aterrador que sentimos como que la obra de orar para hacer cambios es imposible.

Déjame ofrecerte otra perspectiva en luz de lo que se ha dicho en este capítulo: Dios no ha terminado con su Iglesia. Con tal de que Cristo no haya vuelto, ¡todavía hay guerra que hacer en contra del diablo y muchas almas que ganar para Cristo! Persiste la maldad en el mundo que pelea en contra del pueblo de Dios, así que Salmo 141:5 nos instruye, "pues mi oración será continuamente contra sus maldades." ¡Nuestras oraciones son importantes! Dios las usa para desatar su poder y refrenar la influencia de satanás sobre los corazones y las mentes de la gente que Él tanto ama. El Cielo quiere intersectar con la Tierra—¡pero el Cielo necesita de nuestras oraciones!

Recordamos que nuestras oraciones no son *en contra* de la gente y que nuestra intercesión es *a favor* de la gente. Dios ama a la gente. Nuestra batalla no es con la gente sino con el diablo y los demonios (Efesios 6:12). Es el mandato de Dios de amar a nuestros prójimos tanto como a nuestros enemigos (Lucas 10:25-37; Mateo 5:44; 1 Juan 4:7-8). Al enfrentar estos días oscuros de persecución y maldad, recordamos que persiste aun la batalla para las almas humanas que necesitan de nuestra intercesión. Dios se está preparando para desatar un Nuevo Movimiento sobre la Tierra. ¡Tira la casa por la ventana con la oración!

10
LAS OBRAS DEL SEÑOR

Ya habiendo paseado por las obras de Dios en la hisotria humana, brevemente quiero regresar al pasaje bíblico en Isaías 64 que habla del Alfarero y el barro. El principio del pasaje nos da un contexto mayor y vale la pena escudriñar este contexto donde se implementa la analogía del Alfarero y el barro. De hecho, las primeras palabras de este pasaje son exactamente para qué es nuestra oración ferviente: ¡Un Nuevo Movimiento de Dios!

Como dice el profeta Isaías, "¡Si rompieras los cielos y descendieras y ante tu presencia se derritieran los montes, como fuego abrasador de fundiciones, fuego que hace hervir las aguas! Así harías notorio tu nombre a tus enemigos y las naciones temblarían ante tu presencia. Cuando, haciendo cosas terribles cuales nunca hubiéramos esperado, descendiste, se derritieron los montes delante de ti. Nunca nadie oyó, nunca oídos percibieron ni ojo vio un Dios fuera de ti, que hiciera algo *por aquel que en él espera.* Saliste al encuentro del que con alegría practicaba la justicia, de quienes se acordaban de ti según tus caminos. Pero tú te enojaste porque pecamos, porque en los pecados hemos perseverado largo tiempo. ¿Podremos acaso ser salvos?" (Isaías 64:1-5)

Mira lo que el pasaje está diciendo; que para los que esperan en el Señor, "ni oídos ha escuchado, ni ojo ha visto la grandeza de lo que Dios quiere hacer." En el versículo uno, el profeta clama, "si rompieras los cielos..." debemos ser una Iglesia que clama al Señor, por esta misma cosa: "¡Rompe los cielos y descienda tu presencia!" Y para los que esperamos en el Señor, no podemos ni siquiera concebir lo grandioso que Dios puede hacer.

Unos versículos después, el profeta se está arrepintiendo por el pecado, y en este contexto, él dice que Dios es el Alfarero y nosotros somos el barro. En su clamor por lo sobrenatural, clamor por intervención de Dios, clamor por manifestación de su presencia, en medio del arrepentimiento del pecado, el profeta está diciendo, "Aquí estamos. Somos barro en tus manos." El Apóstol Pablo utiliza este mismo pasaje en 1 Coríntios 2:6-12:

"Sin embargo, hablamos sabiduría entre los que han alcanzado madurez en la fe; no la sabiduría de este mundo ni de los poderosos de este mundo, que perecen. Pero hablamos sabiduría de Dios en misterio, la sabiduría oculta que Dios predestinó antes de los siglos para nuestra gloria, la cual ninguno de los poderosos de este mundo conoció, porque si la hubieran conocido, nunca habrían crucificado al Señor de la gloria. Antes bien, como está escrito:

'Cosas que ojo no vio ni oído oyó ni han subido al corazón del hombre, son las que Dios ha preparado para los que lo aman.'

Pero Dios nos las reveló a nosotros por el Espíritu, porque el Espíritu todo lo escudriña, aun lo profundo de Dios, porque ¿quién de entre los hombres conoce las cosas del hombre, sino el espíritu del hombre que está en él? Del mismo modo, nadie conoció las cosas de Dios, sino el Espíritu de Dios. Y nosotros no hemos recibido el espíritu del mundo, sino el Espíritu que proviene de Dios, para que sepamos lo que Dios nos ha concedido."

En estos versículos, el Apóstol Pablo cita directamente a Isaías 64, y luego habla de la diferencia entre la sabiduría divina y la sabiduría humana. La sabiduría humana no es capaz de percibir lo que Dios está haciendo. Solo por el Espíritu se puede entender lo que Dios está por hacer en este mundo. Mediante la madurez espiritual—las personas en quienes habita el Espíritu de Dios y quienes han aprendido a escuchar su voz—nos hace entender lo que Dios está por hacer. Para aquellos que le aman y los que esperan en Él, ojo no ha visto ni oído han escuchado lo que ha hecho. Ningún ser humano puede entender eso sino por el Espíritu de Dios que lo revela. Salmo 25:14 dice, "La comunión íntima [secreto; amistad] de Jehová es con los que lo temen, y a ellos hará conocer su pacto." Dios está dispuesto dar más revelación y está buscando un pueblo que lo venere y espere en Él para que revele sus secretos.

Es por eso que el mundo alrededor nuestro nos cree locos y tontos, porque su mente, en su carnalidad, no puede percibir la obra que Dios está haciendo en el mundo. Pero nosotros sí—y no le seguimos la corriente al mundo sino que sabemos lo que Dios está haciendo—y para ellos parece una locura y tontería.

Hay un "Nuevo Movimiento" que Dios está por desatar en el mundo tanto en su Iglesia como en nuestras vidas personales, por lo que tenemos que prepararnos. Eso requiere oídos que escuchan y ojos que ven en lo espiritual y lo profético. Mateo 5:8 dice que el puro del corazón verá a Dios. Mateo 7:7 dice que el que busca hallará. Mateo 25:29 dice que el que quiere tendrá más. Jeremías 33:3 dice que el que clama tendrá respuesta. Isaías 64:4 dice que el que *espera* verá la acción de Dios en su vida.

Cuando buscamos, clamamos, tememos y guardamos pureza en la vida, tendremos de parte de Dios una revelación más profunda de lo que Él hace en nuestras vidas, en la Iglesia, la comunidad y el mundo junto con la promesa de su presencia íntima con nosotros.

Tenemos una gran promesa que Dios hará cosas grandes en nuestro medio—cosas que ni oído ni ojo han comprendido. Lo que Dios quiere hacer contigo y lo que quiere hacer a través de nuestra iglesia es más grande de lo que tú y yo entendemos.

El Ejército de Dios
Dios está levantando un ejército para un embestida mundial. No es un asalto físico, sino un asalto de oración, intercesión, milagros y prodígios y evangelismo. Pero esto requiere una iglesia que sea un ejército. Dios necesita un ejército preparado, grande, armado y avanzando, porque tiene cosas más grandes de lo que en este

momento entendemos.

Isaías 64 también habla del fuego de Dios. Este fuego de fundición, según el pasaje bíblico, consume y hace hervir el agua, es también el fuego que hace notorio su nombre entre las naciones. En otras palabras, Isaías está diciendo que es el fuego del Espíritu Santo que hace que las cosas sucedan.

El fuego es lo que induce algo más fuerte y caliente. Si no fuera por el fuego de Dios en nuestras vidas, estaríamos completamente fríos hacia Él. Jesus dice lo mismo a su iglesia en Laodicea—ellos antes tenían fervor y pasión para Cristo Jesús, pero se habían enfriado para ser una iglesia tibia. Y a la iglesia tibia, Jesús mismo dice que la va a vomitar de su boca. La vida en el Reino de Dios es todo o nada—no existe en la mente de Dios un discípulo de Cristo que tenga un pie en el mundo y un pie en el Reino de Dios. Dios quiere consumir en nuestras vidas cada cosa que no sea de Él. Quiere prender nuestro corazón en fuego en una pasión ardiente por su presencia. Debemos de mantener viva la llama del fuego de su Espíritu dentro de nosotros.

Es la santidad del Espíritu Santo que es revelada por el fuego. Pero también el Espíritu Santo es revelado en el símbolo del aceite igualmente como es el en fuego. El aceite y el fuego van de la mano.

En el libro de Apocalipsis, las iglesias son representadas por unas lámparas. La lámpara provee la luz, pero el aceite es el combustible que alimenta la llama. La profecía de Isaías 64 habla de este fuego avivando e incitando al pueblo de Dios a llevar su nombre hacia las naciones. Sin el fuego y el aceite del Espíritu Santo, nada va a suceder. El Espíritu es quien hace la obra, no nosotros. Para que Dios nos use, tenemos que estar abiertos a lo que Él quiere darnos y cómo Él quiere usarnos.

II
LAS JARRAS Y EL ACEITE

"Cierto día, la viuda de un miembro del grupo de profetas fue a ver a Eliseo y clamó:
—Mi esposo, quien te servía, ha muerto, y tú sabes cuánto él temía al Señor; pero ahora ha venido un acreedor y me amenaza con llevarse a mis dos hijos como esclavos.
—¿Cómo puedo ayudarte? —preguntó Eliseo—. Dime, ¿qué tienes en tu casa?
—No tengo nada, solo un frasco de aceite de oliva —contestó ella.
Entonces Eliseo le dijo:
—Pídeles a tus amigos y vecinos que te presten **todas las jarras vacías que puedan.** Luego ve a tu casa con tus hijos y cierra la puerta. Vierte en las jarras el aceite de oliva que tienes en tu frasco y cuando se llenen ponlas a un lado.
Entonces ella hizo lo que se le indicó. Sus hijos le

traían las jarras y ella las llenaba una tras otra. ¡Pronto todas las jarras estaban llenas hasta el borde!
—Tráeme otra jarra —le dijo a uno de sus hijos.
—¡Ya no hay más! —le respondió.
Al instante, el aceite de oliva dejó de fluir. Cuando ella le contó al hombre de Dios lo que había sucedido, él le dijo: 'Ahora vende el aceite de oliva y paga tus deudas; tú y tus hijos pueden vivir de lo que sobre.'" (2 Reyes 4:1-7 NTV)

Esta mujer fue destrozada y desamparada. No tenía nada mas que un frasco de aceite. Estaba a punto de perderlo todo inclusive sus hijos, quienes eran más que seres queridos para ella, también serían su seguridad en su vejez. Este es el estado de nuestro mundo hoy en día. Satanás tiene a gente esclavizada por sus deudas del pecado. Está robando su presente y su futuro.

La mujer encontró la respuesta: ella fue al hombre de Dios, y Dios hizo un milagro. El milagro de provisión para esta mujer no solo fue en el flujo milagroso del aceite, *sino también en las vasijas*. Ella no recogió pocas vasijas ni chiquitas. Vasijas grandes y capaces de contener mucho aceite. Esa fue la solución a su dilema. Dios nos está engrandeciendo. Dios nos está formando para que podamos contener más aceite de su presencia y unción. Hay un mundo lleno de gente que se está perdiendo y esta gente necesita una respuesta para su vida.

El mundo está lleno de gente perdida y que necesita respuestas para la vida. La respuesta es una vasija llena de aceite. *¡Nosotros somos las vasijas!* Somos el barro en las manos del Alfarero. Dios nos está engrandeciendo porque nos quiere llenar de su presencia, su gloria, su Espíritu y de lo sobrenatural porque nuestras vidas son la respuesta al mundo alrededor. Nuestras vidas son la respuesta para tu familia y para las naciones, pero Dios necesita prepararnos a nosotros. Dios no quiere "pocas vasijas."

Este llamado no es solamente para los pastores o líderes, es para cada seguidor de Cristo Jesús. ¡No pocas personas, muchas! Muchas personas grandes y llenas del Espíritu Santo. Pero nos tenemos que prestar a la formación de Dios en nuestras vidas.

No hay tiempo para el pecado. No hay tiempo para contiendas, divisiones o chisme. No hay tiempo para dividir nuestro amor entre nuestro Dios y los deseos pecaminosos. Es hora de buscarle a Dios, de conocer su corazón, de entregarnos totalmente a su proceso en nuestras vidas. ¡Dejémonos formar por el Alfarero!

Allí donde tú te encuentres en este momento, te quiero pedir hacer esta oración:

Señor mi Dios, vengo a Ti esperando el cumplimiento de Tu obra en mí, sabiendo que Aquél que comenzó la buena obra, será fiel en completarla en mí. Me entrego a Ti. Te pido que me pongas en tu rueda para formarme exactamente como Tú quieres que yo sea. Saca de mí cualquier impureza. Haz lo que tengas que hacer en mí para que yo sea útil a lo máximo para tu Reino. Dame fortaleza y perseverancia para esperar Tu proceso en mí. Rindo a Ti mis expectativas y con sencillez y humildad me entrego a Tus propósitos. En el nombre de Jesucristo. Amén.

12
La Preparación Personal

En preparación por lo por venir que Dios tiene para nosotros, tenemos que hacer varias cosas. El engradecimiento que Dios está trabajando en nuestra iglesia vendrá en varias diferentes formas. Sobre las próximas páginas, yo te quiero retar en cómo tú respondes al Señor y su obra en tu vida. Hay tres áreas que brevemente voy a hablar: el arrepentimiento, el servir y la adoración. Cada una de estas áreas es una manera tremenda del engrandecimiento de nuestras vidas.

Nosotros tenemos que elegir vivir a una manera que le complace a Dios—o sea, hay un precio que pagar para ver la grandeza de Dios revelada en nuestras vidas—y el precio es despojarnos del pecado. **Deseo que Dios nos dé a todos nosotros un don de arrepentimiento.** El tipo de arrepentimiento que rompe a nuestros corazones de tal manera que Dios pueda meter su mano muy dentro de nuestro ser y extirpar lo feo del pecado que reside ahí. Acuérdate que el mismo poder que levantó a Cristo de los muertos vive en nosotros, así que podemos esperar que, con un arrepentimiento profundo y sanador, podemos vivir la misma vida sobrenatural y vida libre de pecado que Jesucristo vivió.

Tú y yo no podemos tomar en poco al pecado. Si tenemos una perspectiva frívola acerca del pecado, entonces la maravila gracia de Dios también nos será frívola. Si no tomamos en serio la gravedad del pecado, será muy facil volver a ello. Lee lo que 2 Corinthians 7:10-12 dice acerca de este don de arrepentimiento:

"La tristeza que es según Dios produce arrepentimiento para salvación, de lo cual no hay que arrepentirse; pero la tristeza del mundo produce muerte. Esto mismo de que hayáis sido entristecidos según Dios, ¡qué **preocupación** produjo en vosotros, qué **defensa**, qué **indignación**, qué **temor**, qué **ardiente afecto**, qué **celo** y qué **vindicación**! En todo os habéis mostrado limpios en el asunto. Así que, aunque os escribí, no fue por causa del que cometió el agravio, ni por causa del que lo padeció, sino para que se os hiciera evidente la preocupación que tenemos por vosotros delante de Dios."

Este pasaje nos dice lo que pasa en una persona cuando hay un arrepentimiento sobrenatural, profundo y sanador. Tal arrepentimiento produce: 1) preocupación, 2) defensa, 3) indignación, 4) temor, 5) ardiente afecto, 6) celo y 7) vindicación. Estos siete conceptos son los resultados más profundos y tranformadores que el arrepentimiento verdadero producirá en nuestras vidas.

La Preocupación

El arrepentimiento verdadero producirá preocupación en nuestras vidas. Esta palabra "preocupación" en el griego original del Nuevo Testamento también es traducido como "diligencia" o "fervor" o "seriedad." Cuando el Espíritu Santo revela nuestro pecado y la condición actual de nuestros corazones, nosotros llegamos a ser deseosos, fervientes y diligentes en poner nuestras vidas a vientas con Cristo Jesús. Ya no nos permitiremos jugar con el pecado. Nos ocupamos de nuestra salvación (véase Filipenses 2:12) por despojar nuestras vidas de cada rastro del pecado para que nuestra condición delante de Dios no esté manchada.

Si te pusieras ropa blanca, cualquier marca o mancha es inmediatamente visible en contraste con el lino blanco. Estoy seguro que tú, tanto como yo, nos hemos puesto algo blanco y al tirar un poco de comida sobre lo blanco, reaccionamos con preocupación y fervor para quitar la mancha para no parecer sucios o para que no se vuelva una mancha permanente. Pero cuando nos ponemos ropa de color más oscuro o estampada, una manchita no nos preocupa igual porque el color de la ropa despista mejor. La misma urgencia y preocupación no es presente cuando la ropa esconde bien la mancha.

Cuando nuestras vidas están ensuciadas con el pecado, otra manchita despista bien. No nos parece gran cosa, especialmente cuando hay grandes y obvios pecados que lo despistan, ¡hasta parece que pertenece! Pero si nuestras vidas son puras como Dios desea que sean, si estamos vestidos con las vestiduras blancas de justicia y salvación (véase Isaías 61:10), entonces hasta el pecado más mínimo será algo de preocupación. Cuando verdaderamente caminamos en la pureza de Dios, se nota cada pecado feo y, con preocupación, seriedad y diligencia, queremos estar limpios ante Él. El arrepentimiento verdadero producirá pureza y preocupación para mantener tal pureza.

La Defensa
El arrepentimiento verdadero, junto con la preocupación, producirá en nosotros el deseo de

exonerar nuestro nombre delante de Dios. Cuando Pablo dice "defensa," el término griego es usado para hacer una defensa legal ante el juicio. Esta no es ningúna auto-justificación o explicación frívola de nuestros pecados. Esto es venir delante del trono de Dios y pedir su clemencia. No tenemos mérito para recibir tal misericordia, pero Dios la da por su gran amor que nos mostró aún cuando éramos pecadores por la muerte y resurrección de Cristo Jesús. Jesucristo vivió la vida que deberíamos de haber vivido, murió la muerte que deberíamos de haber muerto para que a través de Él podamos estar bien delante de Dios. Cuando estamos frente a Dios, Jesús aboga por nosotros—nuestro Abogado y Juez quien nos defiende y exonera de nuestra culpabilidad y suprime nuestro record delante de Dios. 1 Juan 2:1-3 nos dice:

"Mis queridos hijos, les escribo estas cosas, para que no pequen; pero si alguno peca, tenemos un abogado que defiende nuestro caso ante el Padre. Es Jesucristo, el que es verdaderamente justo. Él mismo es el sacrificio que pagó por nuestros pecados, y no solo los nuestros sino también los de todo el mundo. Podemos estar seguros de que conocemos a Dios si obedecemos sus mandamientos."

Nota que el final de pasaje bíblico habla de diligencia, no sólo del perdón de los pecados.

Nuestro Juez y Abogado, Jesús, nos perdona—pero deberíamos ser diligentes en conocerlo a Él y guardar sus mandamientos. Tal es el efecto del arrepentimiento verdadero.

La Indignación

El arrepentimiento verdadero producirá en nosotros una indignación justa en contra del pecado. Si el pecado no nos repugna, entonces todavía existe amor o tolerancia de ello en nuestras vidas. El pecado debería hacer mucho más que sólo quebrar nuestro corazón, debería causarnos ira santa por su contaminación ante la santidad de Dios y como nos destruye a nosotros y a la gente alrededor.

Cuando Jesús fue a levantar a Lázaro de la muerte en Juan 11, la Biblia, en la Nueva Traducción Viviente, dice que Él "se enojó en su interior" cuando llegó a la tumba de Lázaro. La palabra griega usada en este pasaje bíblico es una que se usa para un caballo que bufa o resopla cuando está enojado.[7] ¿Por qué estaba enojado Jesús si ya sabía que iba a levantar a Lázaro de la muerte? Puede ser que fue por la falta de fe de la gente alrededor. Pero Jesús ya había dicho a sus discípulos en Juan 11:15 que iba a ser por medio de este milagro que iban a creer el Él. Lo que yo pienso que fue la causa de tal indignación e ira de

---

[7] Thayer's Greek Lexicon

Jesús fue por la misma muerte. El pecado trae la muerte. Así cuando llegó a la tumba de Lázaro, se enojó porque tal es el destino de todos que han pecado. Pero tanto Dios amó al mundo que dio a su Hijo unigénito para que todo aquél que en Él crea no se pierda mas tenga vida eterna. Dios odia a todo pecado, no solamente a algunos pecados. Todo el pecado le repugna y arrepentimiento profundo, verdadero y transformador nos causará enojo con el pecado tal como Dios lo siente.

El Temor
El arrepentimiento verdadero producirá en nosotros el temor a Dios. Tal arrepentimiento nos dará honor y respeto a Dios. Estaremos literalmente temerosos de violar la santidad de Dios y temblaremos con el pensamiento que nuestras acciones entristecerán al Espíritu Santo quien vive en nosotros. El pecado ya no será fácil o natural para nosotros. Si el pecado no es algo temeroso para nosotros, entonces la revelación divina de la gravedad del pecado y el esplendor de la sanidad de Dios necesitan ser más reales para nosotros. Si podemos pecar facilmente, no le tememos a Dios.

El temor al Señor dará revelación y entendimiento más profundo de Dios. Salmo 25:14 dice, "El Señor es amigo de los que le temen; a ellos les enseña su pacto." Dios confía mayor revelación a aquellos que le tienen respeto, y aquellos que le temen, se les considera sus amigos íntimos. Salmo 66:18 también nos dice, "Si no hubiera confesado el pecado de mi corazón, mi Señor no me habría escuchado." En otras palabras, aquellos que le temen al Señor serán enseñados por Él como su amigo cercano, pero Dios ni siquiera escucharán a aquellos que aman al pecado. Santiago 4:4 dice, "¡Adúlteros! ¿No se dan cuenta de que la amistad con el mundo los convierte en enemigos de Dios? Lo repito: si alguien quiere ser amigo del mundo, se hace enemigo de Dios."

El Ardiente Afecto
El arrepentimiento verdadero producirá en nosotros un deseo intenso, una pasión y amor por Dios que antes no conocíamos. Cuando Jesús cenaba con cierto Fariseo y una mujer pecadora se le acercó y lloró sobre sus pies, algunos en la casa le injuriaban, pero Jesus la perdonó. En Lucas 7:47, Jesús habla de la situación diciendo, "Te digo que sus pecados —que son muchos— han sido perdonados, por eso ella me demostró tanto amor; pero una persona a quien se le perdona poco demuestra poco amor." Si la llama de nuestro amor se está apagando, entonces hay pecado en el corazón con que tienes que tratar.

Cuando tratamos al pecado como algo frívolo, nuestro arrepentimiento será igualmente superficial. Cuando el arrepentimiento es superficial, nuestro amor será igual porque no percibiremos el perdón y el amor de Dios como algo grande. Cuando disminuimos la fealdad del pecado, nunca podremos conocer verdaderamente la gracia grandísima que Dios nos ha mostrado. Pero donde abunda el pecado, abunda aún más la gracia de Dios (Romanos 5:20). La gracia de Dios no abundará donde no hay reconocimiento y arrepentimiento de la abundancia del pecado en nuestros propios corazones. Cuando el Espíritu Santo nos revela la condición de nuestros corazones y Dios nos perdona por igual, ¿cómo no podrá crecer nuestro amor por Él y tener más pasión por su presencia?

El Celo

El arrepentimiento verdadero producirá un celo en nosotros para ver la presencia de Dios moverse, crecer y ser derramada en nuestras vidas e iglesia. La presencia de Dios no se moverá en la vida de uno ni en la iglesia donde el pecado persiste. Hay unas razones por eso: 1) Dios quiere usar vasos que estén limpios, y 2) Dios responde aquellos que apasionadamente le desean.

Cuando un hombre se enamora de una mujer y comienza a cortejarla para poder ganarla, no lo hace a medias (o como lo dice mi esposa, "¡a medios chiles!"). Éste varón usará todo el celo y toda la pasión que tiene para poder ganar a la mujer. ¿ qué mujer respondería a un hombre que demuestra sólo un poco de interés en ella? De la misma manera, ¿por qué respondería Dios con su gran presencia a una persona que apenas reconoce que Él está ahí? Como dice el salmo 69:9, "celo por tu casa me ha consumido."

La persona que vive en un arrepentimiento verdadero y profundo, tendrá celo para su presencia, Y también verá lo que más desea su corazón. Mateo 5:8 dice, "bienaventurados los puros de corazón, porque ellos verán a Dios." Esto no quiere decir que solamente algún día vamos a ver a Dios en el cielo, sino que le vamos a ver en maneras nuevas y más profundas dentro de nuestras vidas y nuestra iglesia. Tal como la amistad íntima de Dios y la revelación de Dios le llegan aquellos que le temen, pero aquellos que se mantienen en pureza y mantienen la llama de la pasión para su presencia verán a Dios engrandecerse en su vida. Salmo 24:3-4 también dice, "¿quien puede subir al monte del Señor? ¿ quién puede estar en su lugar santo? Sólo los de manos limpias y corazón puro, que no rinden culto a ídolos y nunca dicen mentiras." Tal celo, pasión y pureza es catalítico para la presencia de Dios.

El arrepentimiento profundo y genuino de nuestros pecados y un odio profundo por ellos no solamente causará celo para el Dios, pero también atraerá su presencia, su gozo, su unción, prodigios y maravillas sobrenaturales. Salmo 45:7 dice, "Amas la justicia y odias la maldad. Por eso Dios, tu Dios, te ha ungido derramando el aceite de alegría sobre ti más que sobre cualquier otro." Cuando existe odio hacia el pecado Y una pasión por Dios, la unción del espíritu Santo se aumentará en tu vida. Si no tienes poder sobrenatural fluyendo en tu vida, si eres apático a la presencia de Dios, si estás estancado en tu caminar con Dios y sientes que no puedes avanzar, si estás a punto de tirar la toalla con Dios—tú necesitas pedirle al Espíritu Santo que te revele las áreas de tu vida donde persiste el pecado. El pecado es un mata pasiones. El pecado entristece al Espíritu Santo. El pecado destruye los discípulos de Cristo Jesús. El pecado causará que nos alejemos de Dios. Arrepiéntete de tus pecados y recibe toda la vida y bondad que Dios tiene para ti. Un evangelista lo dijo así:

"Conozco a muchos Cristianos, aún predicadores, quienes dicen que no pueden ser perfecto, y que no sirve intentarlo. Nosotros conocemos quienes son. Son ellos quienes no están sanando a los enfermos tampoco echando fuera los demonios. El pecado es el punto de entrada del diablo en tu vida. Puedes permitirlo persistir si quieres, ¡pero te robará todo tu poder!"

La Vindicación

El arrepentimiento verdadero dará vindicación de los pecados. Al final de su discurso sobre el arrepentimiento de los Coríntios, Pablo dice, *"En todo os habéis mostrado limpios en el asunto."* Cuando nos arrepentimos de verdad con un don sobrenatural del arrepentimiento, hay perdón y liberación. 1 Juan 1:9 dice, *"Si confesamos nuestros pecados, Él es fiel y justo para perdonar nuestros pecados y limpiarnos de toda maldad."* Antes éramos sucios, avergonzados, culpables y condenados, pero el arrepentimiento cambia toda la situación—¡ahora somos exonerados y libres.

Tirar La Casa Por La Ventana

13
SERVIR Y ADORAR

Jesucristo nos salvó no sólo para irnos al Cielo algún día, sino "...[con el] fin de perfeccionar a los santos para la obra del ministerio, para la edificación del cuerpo de Cristo, hasta que todos lleguemos a la unidad de la fe y del conocimiento del Hijo de Dios, al hombre perfecto, a *la medida de la estatura de la plenitud de Cristo,*" (Efesios 4:12-13).

Para cultivar una vida que está siendo formada por las manos del Alfarero hacia la plenitud de Cristo, nos incumbe rendirnos totalmente a Él. Romanos 12:1 dice, "Por lo tanto, hermanos, tomando en cuenta la misericordia de Dios, les ruego que cada uno de ustedes, en adoración espiritual, ofrezca su cuerpo como sacrificio vivo, santo y agradable a Dios," (NVI). Nuestra vida es entregada al Señor por medio de ser un sacrificio.

El sacrificio de nuestra vida es una vida de adoración vivida—este es el concepto central de ser un "sacrificio vivo" para Dios. Nuestro sacrificio para el Señor es más que nuestros cantos de adoración, es en cómo le seguimos al Señor, cómo nos entregamos a Él, cómo le obedecemos, y cómo amamos y servimos a otros.

La adoración es en el servicio

Una vida de servicio a Dios es vivir una vida de adoración. En el Huerto de Edén, no había ninguna adoración especificada. No había sacrificios—porque no había necesidad de ellos. No conocemos de nada más que se podría parecer a "adoración" como nosotros la conocemos en nuestros cultos. Pero lo que Dios sí le había dado a Adán eran dos cosas: 1) su imagen y 2) un mandato.

Como Adán fue creado en la imagen de Dios, fue únicamente preparado para participar con Dios como su representante—como su co-laborador. Lo que le distinguió a Adán del resto de la creación fue que en él Dios sopló el "hálito de vida" para hacerlo vivir. En otras palabras, a Adán le dio su mismo Espíritu para poder llevar a cabo el propósito por el cual fue creado. No hay nada más en la creación que pueda hacer las cosas que el ser humano puede hacer—y nuestro propósito es, como la imagen de Dios, hacer las mismas cosas que Dios haría; participar juntamente con Él. Con la imagen de Dios, Él dio a Adán un mandato,

"Sean fructíferos y multiplíquense. Llenen la tierra y gobiernen sobre ella. Reinen sobre los peces del mar, las aves del cielo y todos los animales que corren por el suelo...El Señor Dios puso al hombre en el jardín de Edén para que se ocupara de él y lo custodiara." (Génesis 1:28; 2:15)

Es en el Huerto donde Adán iba a participar con Dios ocupándose de y custodiando al Huerto—o sea, Adán iba a trabajar, cuidar, proteger, desarrollar, florecer, descubrir y servir al Huerto de la misma forma que Dios mismo habría hecho. La palabra hebrea para "ocuparse" se usa en otros lugares de la Biblia como el trabajo sacerdotal en el Templo de Dios. Adán, por decir, era un tipo de sacerdote en el Huerto, y su adoración al Dios fue en el servicio, trabajo, protección y desarrollo del mismo Huerto. Dios iba a ser exaltado cuando su co-laborador hacía las mismas cosas que Dios habría hecho.

Cada uno de nosotros tenemos un Huerto que Dios nos ha dado—este Huerto es todo lo que eres, tienes y las personas que Dios ha colocado en la vida. El Huerto es nuestras vidas personales. Nuestro servicio es adoración a Dios. Cuando amamos y servimos a la gente que esté dentro del Huerto que Dios nos ha dado. La manera que hablamos, nos cuidamos, cuidamos de otros—

todo es proteger y hacer florecer al Huerto nuestro. Pero cuando vivimos en enojo y falta de perdón, en pecado, egoísmo, orgullo y pautas destructivas, es como darle de hachazos a las bellas flores que Dios nos ha dado—estamos destruyendo el Huerto nuestro y haciendo lo opuesto que Dios habría hecho. Servir es adorar.

Servir también tiene que ver con nuestras iglesias. Parte del Huerto es la familia de creyentes en que Dios nos ha colocado. Te quiero retar a que si no estás sirviendo en alguna parte de la iglesia, es hora de permitir a Dios engrandecerte. Sirve dentro de tu familia eclesiástica para hacerla florecer. ¡Somos mejores y más fuertes cuando tú participas! Que el servicio que le brindas al Señor sea parte de tu adoración a Él.

La Adoración y La Rendición

Como parte de nuestro mandato de Dios de participar con sus mismas obras, el Señor me retó en cuanto a cómo vivo como persona y cómo vivimos como iglesia. Me recuerdo un día hace tiempo que estaba escuchando a una mujer profetizar y decía, "Mi Iglesia no es tan poderosa como debería ser. Te he dado mi salvación, mi Espíritu Santo, poder para sanar enfermos, poder para hacer milagros, y no lo están haciendo." Cuando escuché esto yo fui redargüido. Allí mismo me arrodillé y le dije al Señor, "Enséñame, háblame. ¿Qué es lo que quieres hacer? ¿Cómo lo quieres hacer? Yo necesito Tu instrucción." Y el Espíritu Santo me habló y me dirigió a Mateo 26. La historia que vamos a leer se encuentra en los cuatro Evangelios de Mateo, Marcos, Lucas y Juan, y cada vez que se cuenta esta historia, hay diferentes aspectos. Lo siguiente es una compilación de las diferentes versiones bíblicas:

Pero estando Jesús en Betania, en casa de Simón el Leproso y sentado en la mesa, vino una mujer con un vaso de alabastro de perfume de nardo puro de mucho precio. Y quebrando el vaso de alabastro, se lo derramó sobre su cabeza y la casa se llenó del olor del perfume. Cuando vio esto el Fariseo que le había convidado, dijo para sí, "Éste, si fuera profeta, conocería quién y qué clase de mujer es la que le toca, que es pecadora." Y vuelto a la mujer, dijo a Simón, "¿Ves esta mujer? Entré en tu casa y no me diste agua para mis pies, mas ella ha regado mis pies con lágrimas, y los ha enjugado con sus cabellos. No me diste beso, mas ella, desde que entró, no ha cesado de besar mis pies. No ungiste mi cabeza con aceite, mas ésta ha ungido con perfume mis pies. Por lo cual te digo que sus muchos pecados le son perdonados porque amó mucho. Mas a quien se le perdona poco, poco ama." Y a ella le dijo, "Tus pecados te son perdonados." Los discípulos también se enojaron diciendo, "¿Para qué este desperdicio? Porque esto podía haberse vendido a gran precio y haberse dado a los pobres." Y entendiéndolo Jesús les dijo,

"¿Por qué molestan a esta mujer? Pués ha hecho conmigo una buena obra. Porque siempre tendrán los pobres con ustedes, pero a Mí no siempre me tendrán. Porque al derramar este perfume sobre Mi cuerpo, lo ha hecho al fin de prepararme para la sepultura. De cierto les digo que dondequiera que se predique este evangelio en todo el mundo, también se contará lo que ésta ha hecho para memoria de ella."

Esta mujer tenía un tesoro en un frasco de alabastro. Era un perfume costoso que valía, en el dinero de hoy, alrededor de $60,000. Si yo tuviera algo en mi casa que valiera tanto, ¡yo creo que lo contaría entre mis tesoros! Yo lo tendría bien guardado. Así lo tenía ella—y quién sabe por cuánto tiempo lo tenía—a lo mejor lo tenía por años.

Cuando mi esposa y yo nos casamos, alguien nos regaló un juego completo de platos para ocho personas, y por años no lo usábamos. Nunca habíamos encontrado la ocasión adecuada para sacarlos. Tal vez había razón, pero siempre esperábamos la ocasión perfecta y suficiente formal para usar este juego. Y por más de diez años, esta ocasión nunca llegó. Por todo este tiempo, allí estaban los platos bien bonitos guardados en una caja en el garaje. Hace poco, nos dimos cuenta de la tontería de tener los platos y no usarlos. Decidimos: o los regalamos, o los quebramos o los usamos—¡pero hay que hacer algo con ellos! Tomamos la decisión obvia de usarlos, pués para esto fueron creados, ¿no? Y ahora, allí están en nuestros gabinetes siendo usados con frecuencia.

Me gusta acampar, y a mí me fascinan los cuchillos de acampar. He acumulado algunos cuchillos—pero son de a $20 o $30. Hace unos años, un amigo que comparte mi afinidad con los cuchillos, me regaló uno muy fino que costaba $250. Yo jamás hubiera gastado tanto en un cuchillo, ¡pero estuve bastante agradecido! Por mucho tiempo yo seguía usando mis cuchillos baratos y corrientes para no ensuciar o rayar al cuchillo fino y para no quitarle su filo. Después de unos años, me di cuenta de cuan ridículo esto era. ¿Para qué tenerlo si no lo voy a usar? ¿Para qué negarme el placer de poder usar algo de alta calidad y seguir usando algo de menos calidad? Ahora yo lo uso a cada oportunidad que tengo. Sí está un poco rayado y ensuciado y tal vez ha perdido un poco de su filo, pero lo disfruto.

Esta mujer tenía algo de mucho valor, algo muy costoso—¡mucho más que mis platos y cuchillos! Y cuando uno usa un perfume que cuesta $60,000, uno no va a romper el frasco y derramarlo todo de una sola vez para una sola persona. Uno usará unas gotas a la vez para que dure años, pues es un tesoro. Pero ella tomó todo lo que era su tesoro más grande y lo llevó a Jesús.

La realidad es que Jesús nos ha dado algo muy valioso a cada uno de nosotros. Nos ha dado su misma salvación. Nos ha dado el poder de su Espíritu Santo. Dios ha adiestrado y calibrado a su Iglesia para avanzar su Reino: para predicar con poder, para compartir el Evangelio, para imponer las manos sobre los enfermos y verlos ser sanados, para hacer milagros y echar fuera demonios. Eso no es solamente para los pastores ni los que se consideran "súper-espirituales." Es para cada persona que cree en Cristo Jesús. Si Dios nunca ha obrado una sanidad, un milagro, u otro de los dones del Espíritu Santo a través de ti, ¿por qué? Todo lo tenemos en Cristo. Tal vez tu vida no esté bien calibrada en asuntos espirituales, pero esto es parte del engrandecimiento que Dios quiere obrar en tu vida y en nuestra iglesia, de esperar en El y dejarnos usar en lo sobrenatural. Es hora de permitir que Dios nos forme para que nos pueda usar al nivel que Cristo Jesús quiere de su Iglesia.

Como esta mujer tenía un tesoro guardado en su casa por años, nosotros tenemos el tesoro de nuestra salvación y el poder del Espíritu Santo en nosotros—allí se queda guardado y admirado, pero sin usar. Como seres humanos, tenemos la tendencia de preferir la comodidad o el miedo. Tenemos miedo de sacar lo que Dios nos ha dado. Tal vez uno piense que le vaya a costar demasiado, o que Dios vaya a querer un sacrificio demasiado grande de uno—pues quiere el sacrificio de nuestro ser. Y si tenemos el tesoro de la salvación, te pregunto que si de verdad esto es el tesoro que aguardas en tu corazón. Jesús dijo que donde está tu tesoro, allí está tu corazón. Y tal vez tu tesoro es tu pecado. Tal vez tu tesoro es tu comodidad—que es más fácil vivir en Cristo si no quiebro el frasco ni gastamos nada de lo que hay adentro. ¿Entonces para qué tenerlo? Tal vez tu tesoro es el orgullo de siempre tener la razón en todo. O sea, no querer que Dios me quiebre y luego mi vida llegará a ser un desastre. Allí vas a vivir y allí estará el corazón—amando a Dios en palabra, pero guardado para tu propia comodidad. Jesús no nos salvó con el fin de tener un cristianismo fácil y cómodo. Nos salvó para avanzar su Reino en el poder de su Espíritu y para disfrutar de una relación cercana con El. Es Jesús mismo quien quiere ser el tesoro único de tu vida. El quiere ajustarnos, re-formarnos para ser más amplios y más útiles para sus propósitos.

Esta mujer tomó una decisión: tomó su tesoro más costoso y lo trajo a Jesús. Ella ungió su cabeza y sus pies. Tomó el frasco de alabastro y no solamente lo abrió, sino lo quebró. Así no se usa el perfume, pero lo usó todo para ungir a Jesús. La unción fue de preparación para la próxima obra que Jesús iba a realizar. Jesús mismo dijo que fue para su muerte—el próximo paso en el plan de salvación que Dios tiene. Nosotros clamamos a Jesús por su unción, la cual es una oración digna. Pero nunca pensamos que debemos de ungirle a Jesús también. Esta mujer le preparó a Jesús por su próximo ministerio, que era el de la salvación. Pero cuando nosotros derramamos de nuestra unción, nuestra adoración, sobre Jesús, es la preparación para la cosa siguiente que va a hacer en nuestra iglesia y en tu vida personal.

Es la adoración de una persona quebrantada que hace lugar para la obra nueva de Dios en su vida. Nosotros tenemos un tesoro dentro de nosotros, y cuando comenzamos a ungir a Jesús con el mismo tesoro que nos ha dado, es cuando le honramos en la adoración, le damos la bienvenida en la adoración. Tal preparación y adoración requiere quebrantamiento en nuestras vidas. Si no nos dejamos quebrar ante el Señor, para siempre el tesoro de nuestro corazón quedará sin usar y no alcanzará el potencial máximo por el que Dios te lo dio. Es no usar los platos o el cuchillo—los tengo, pero no me sirven de nada.

La adoración en el Antiguo Testamento tiene que ver todo con sacrificio. Un sacrificio es algo de alto precio que se da. Es dar lo mejor de uno. En cuanto a los sacrificios para el pecado, es algo también quebrantado. Muchas veces, que cuando el pueblo de Dios estaba viviendo como a Dios le agrada, estaba adorando con el corazón humilde, reverente y ofreciendo lo mejor para Dios, dice la Biblia que tal adoración "subió delante de Dios como olor fragrante." Romanos 12:1 dice que nos debemos de ofrecer como sacrificios vivos al Señor. Cuando vivimos como a El le agrada, toda nuestra vida ofrecida en entrega total, somos de olor fragante para Dios.

Al igual, que cuando la mujer quebró el frasco de alabastro, la Biblia dice que la fragancia llenó toda la casa. Cuando decidimos vivir una vida de servicio y adoración al Señor, la fragancia de nuestras vidas llenará todo el mundo alrededor. Nuestras familias, socios y amigos se darán cuenta de lo bello que sale de nuestras vidas. Igualmente nosotros experimentaremos la fragancia de su presencia, de su voz, de una relación cercana con El, de milagros y una vida sobrenatural—todo fluye de una vida de humildad, de entrega y de quebrantamiento delante de Jesús en adoración y servicio entregado. Así ya no estaremos guardando lo que nos dio, sino soltando toda la belleza y efectividad de lo que el frasco de nuestras vidas contiene por el Espíritu de Dios que vive en nosotros.

Lo que yo deseo en mi vida personal tanto como en nuestra iglesia más que cualquier otra cosa es la fragancia de la presencia de Dios y la unción de su Espíritu Santo. ¡Déjate quebrar y usar por el Señor! Una vida quebrantada es una vida que

Dios usará. Es un buen tiempo de involucrarte en un ministerio y servir dentro de la Iglesia.

Al final de la historia, Jesús dijo que dondequiera que se difunda el Evangelio, esta mujer será honrada. Con tal quebrantamiento, tal adoración, tal unción de Cristo y tal amor sin miedo, ella fue honrada por Jesús. En este momento, Jesús ligó el amor, el quebrantamiento y la unción derramada sobre El con la difusión del Evangelio alrededor del mundo. Pues, ¡el Evangelio ha te ha alcanzado a ti, 2,000 años después y todavía estamos contando la historia! Pero todo lo que hacemos en la iglesia es con el fin de alcanzar a gente para Cristo—gente que no conoce a Cristo, y para quienes le conocemos, para profundizarnos en El. Pero Jesús quiere traer más personas para conocerle a El—más de los que hemos alcanzado hasta ahora.

Nuestra adoración tiene algo que ver con esto. Tal como esta mujer ungió a Jesús para la siguiente cosa que Jesús iba a hacer, tal vez en nuestra adoración estamos ungiéndole a Jesús. Él está esperando hacer más a su pueblo y le corresponde adorarlo, ungirlo y darle permiso de obrar en su medio—y así nos va a honrar—no por plasmar nuestro nombre alrededor del mundo y dar reconocimiento o fama, sino honrarnos con la habilidad de alcanzar a más personas para El, porque detrás de escenario estamos ungiendo a los pies de Jesús en adoración y por eso, Él está obrando en maneras más grandes y más profundas en este mundo a través de su pueblo quebrantado. ¡Tiremos la casa por la ventana con la oración para desatar el Nuevo Movimiento de Dios en nuestro mundo!

Sobre el Autor

Kyle W. Bauer tiene un gran trasfondo ministerial que ha durado por más de una década. Nieto del pastor icónico de la Iglesia Cuadrangular, Jack W. Hayford, Kyle se ha destacado como pastor y líder. Durante su carrera, él ha servido como pastor de niños, plantador de iglesia, misionero a México y profesor de ministerio e historia en The King's University. Su ministerio actual es ser el pastor de La Iglesia En El Camino Santa Clarita, en Santa Clarita, California. Kyle obtuvo sus grados Bachillerato (licenciatura) y Maestría de Divinidad en The King's University. Kyle y su esposa se casaron en 2003 y tienen cuatro hijos—tres niños y una niña.

Para más información o para contactar, puedes ir a su sitio web www.kwbauer.com

Más copias están disponibles por www.amazon.com y buscar Kyle W. Bauer.

www.ingramcontent.com/pod-product-compliance
Lightning Source LLC
Chambersburg PA
CBHW031403040426
42444CB00005B/396